Dieses Buch gehört:

Antje Erdmann-Degenhardt

Süße Verführung

Konfekt, Pralinen & Bonbons

Hölker Verlag

5 4

ISBN 3-88117-575-X

Grafik: Steffi Bartsch

Redaktion: Christiane Leesker

Printed in Italy

Inhalt

Vorwort

Wenn man Kummer hat, wenn es einem nicht so gut geht, wenn es draußen regnet oder friert, dann verwöhnt man sich, sofern es nicht die anderen tun, gerne ein wenig selbst. Und was macht man dann? Man steckt sich eine Praline in den Mund, nach Möglichkeit eine aus bester Schokolade, vielleicht mit einer Füllung aus Krokant, Nougat oder einem fruchtigen Obstgeist, vielleicht auch Likör! Der zarte Schmelz der Schokolade, der sich butterweich und sahnig im Munde verteilt, diesen umschmeichelt, den Menschen mit innerer Behaglichkeit erfüllt und die unruhige Seele friedlich stimmt, die edle Füllung, die den geschmacklichen Genuss dann noch steigert – das ist es, wonach wir uns in kritischen Situationen sehnen! Geben Sie diesem Bedürfnis nach – nicht pfundweise, wohl aber stückweise! Nehmen Sie das süße Portiönchen Lebensfreude in die Hand, atmen Sie seinen Duft ein, freuen Sie sich auf den Genuss, und delektieren Sie sich an diesem winzigen Teilchen des Paradieses! Pralinen sind Himmelsgeschenke und wollen entsprechend gewürdigt werden! Begegnen Sie ihnen mit Respekt und Dankbarkeit.

Doch Pralinen sind nicht nur Tröster an schlechten Tagen! Sie sind auch Belohnung und Ansporn in guten Zeiten. Sie erhöhen die Harmonie einer glücklichen Stunde, stillen den kleinen Hunger oder sind, zu einer Tasse Mokka, Espresso oder Cappuccino gereicht, krönender Abschluss eines gelungenen opulenten Mahls. Das köstliche Aroma, die üppige Konsistenz passt sich facettenreich der guten Laune an. Pralinen schmecken, frei nach dem großen französischen Gourmet (oder Gourmand?) und gastronomischen Schriftsteller Anthelme Brillat-Savarin (1755–1826), am Mittag, erfreuen uns nachmittags und bezaubern uns nach dem Abendessen. Um daher gelegentlich in Edlem und Süßem, wenn auch maßvoll, schwelgen zu dürfen, um Freunde und Familienangehörige, Gäste und Kollegen, wenn auch ebenfalls maßvoll, damit verwöhnen zu können, stelle ich mich ab und an in egoistischer und altruistischer Geberlaune in die Küche – am besten an einem nebelverhangenen, kühlen Samstagnachmittag, wenn das Wetter für andere Aktivitäten keinen Raum lässt – und fertige eigene Pralinen und Bonbons. Nicht zu viele auf einmal! Denn diese Köstlichkeiten sollten alsbald verzehrt werden. Aber eine genügende Menge, damit sich der Aufwand auch lohnt! Und wenn es dann bei uns im Hause nach heißer Schokolade, Karamell, gekochter Sahne, Obstwässerchen, gerösteten Mandeln oder Nüssen und anderen herrlichen Ingredienzen duftet, durchzieht eine wohlige Süße mein Herz. Die trübselige Stimmung, welche durch die Fensterscheiben hereinkriechen wollte, verfliegt. Gelassene Heiterkeit erfüllt die Seele und teilt sich auch den anderen Familienmitgliedern mit. Mann und Kinder sind erfreut und rufen begeistert: „Himmlisch, unsere Mutter macht Pralinen!“
In das Land der Pralinen und Bonbons – wer würde nicht gerne dahin reisen?

„Die Gegend heißt Schlaraffenland,
den faulen Leuten wohlbekannt.“

So dichtete einst der Nürnberger Schuhmacher und Poet Hans Sachs (1494–1576). Und so wollen auch wir, die Faulen wie die Fleißigen, für einige Stunden in das Land reisen, wo es „Milch und Honig regnet“, wo Konfektstücke wie Blumen aus der Erde

sprießen und wo die Luft erfüllt ist von allem, was süß, angenehm und appetitlich duftet und in uns ein wohliges Gefühl von Entspannung und Geborgenheit erzeugt: heiße Schokolade, Honig, Nougat, Krokant, Karamell, Kuvertüre, Vanille, Zimt und andere schöne Zutaten, komponiert zu dem, was man landläufig als Pralinen bezeichnet. Der Mensch braucht Süßes, für Krisen- und Stresstage, zur Beruhigung oder Aufmunterung. Das war wohl schon immer so. Aus Zuckerrohr oder Honig hat die Menschheit seit undenklichen Zeiten Leckeres zubereitet.
Schokolade, Marzipan, Nougat und Krokant wurden und werden vermengt mit weiteren Köstlichkeiten, die jahrhundertelang zumeist sehr teuer und den Reichen vorbehalten waren, die uns heute aber preisgünstig zur Verfügung stehen: Nüsse und Mandeln, Feigen, Datteln, Aprikosen, Quitten, Rosinen, Pflaumen und Kokosflocken, nicht zu vergessen die Fülle der aromatischen Liköre und Weinbrände. Aus den Mischungen wurden damals wie heute appetitliche kleine, runde und eckige Häppchen gefertigt, die sich alle unter dem Oberbegriff „Konfekt“ zusammenfinden – jene süße unwiderstehliche Verführung, welche die Menschheit schwach werden lässt.
Wen wundert es da, dass bereits der Ostpreuße Ernst Theodor Wilhelm Hoffmann, bekannt als E.T.A. Hoffmann (1776–1822), Schriftsteller, Musiker und Berliner Kammergerichtsrat, in seinem phantasievollen und teilweise fast surrealistischen Märchen „Nußknacker und Mausekönig“ (1816) vor den Augen der kleinen Marie eine ganze Konfektlandschaft mit dem kleinen Ort „Bonbonhausen“, einer „Kandiswiese“, einem „Orangenbach“ und einem „Konfitürenhain“ erstehen lässt:
„Was erblickte Marie nun! Wie werd ich es denn anfangen, euch, ihr Kinder, die Schönheit und Herrlichkeit der Stadt zu beschreiben, die sich jetzt breit über einen reichen Blumenanger hin vor Mariens Augen auftat. [...] Als sie durch das Tor, welches so aussah, als sei es von lauter Makronen und überzuckerten Früchten erbaut, gingen, präsentierten silberne Soldaten das Gewehr, und ein Männlein in einem brokatnen Schlafrock warf sich dem Nußknacker an den Hals mit den Worten: ‚Willkommen, bester Prinz, willkommen in der Konfektburg!‘ [...] Kaum waren sie einige Schritte gegangen, als sie auf den großen Marktplatz kamen, der den herrlichsten Anblick gewährte. Alle Häuser ringsumher waren von durchbrochener Zuckerarbeit, Galerie

über Galerie getürmt, in der Mitte stand ein hoher überzuckerter Baumkuchen als Obelisk, und um ihn her spritzten vier sehr künstliche Fontänen Orsade (Orangengetränk mit Zucker und Wasser, Anm. d. Verf.), Limonade und andere herrliche süße Getränke in die Lüfte; [...]. Eines lauten Rufs der Bewunderung, ja des höchsten Erstaunens konnte sich Marie nicht enthalten, als sie jetzt mit einemmal vor einem in rosenrotem Schimmer hell leuchtenden Schlosse mit hundert luftigen Türmen stand. Nur hin und wieder waren reiche Buketts von Veilchen, Narzissen, Tulpen, Levkojen auf die Mauern gestreut, deren dunkelbrennende Farben nur die blendende, ins Rosa spielende Weiße des Grundes erhöhten. Die große Kuppel des Mittelgebäudes sowie die pyramidenförmigen Dächer der Türme waren mit tausend golden und silbern funkelnden Sternlein besäet. ‚Nun sind wir vor dem Marzipanschloß', sprach der Nußknacker. Marie war ganz verloren in dem Anblick des Zauberpalastes, [...]."
Möge sich auch vor Ihnen, geneigte Leserin und geneigter Leser, eine süße Konfektstadt auftun und Sie veranlassen, in die Eigenfabrikation von Pralinen und Bonbons einzusteigen, deren Herstellung fast ebenso viel Freude macht wie ihr Genuss!

Ihre
[illegible] Eichmann-Degenhardt

Pralinengenuss – gestern und heute

Die Geburtsstunde des Ursprungswortes „Praslin" soll bereits im Jahre 1663 geschlagen haben: In Regensburg, wo der „Immerwährende Reichstag" seinen Sitz hatte, eine seit 1663 ständige Versammlung der Reichsstände des Heiligen Römischen Reiches Deutscher Nation mit über 300 Gesandten, unter kaiserlicher Hoheit, die erst

1803 aufgelöst wurde. Aus Frankreich wurde unter König Ludwig VI. als Beobachter Herzog Choiseul du Plessis-Praslin entsandt. Ihm hatte der reiche Augsburger Handelsherr Fugger seinen eigenen Koch zur Verfügung gestellt. Zur allgemeinen seelischen Aufrüstung fertigte dieser nicht nur die damals üblichen überzuckerten süßen Mandeln und Nüsse, sondern tauchte sie in flüssige Schokoladenmasse. Zu Ehren des französischen Gastes nannte der erfindungsreiche Koch dieses Zuckerwerk „Praslin", woraus sich später der Begriff „Praline" entwickelte. Als im 17. Jahrhundert die Schokolade zur Herstellung eines luxuriösen Getränkes allgemein in Europa bekannt wurde, presste man die Grundsubstanz in Täfelchen oder Plätzchen. Diese waren jedoch hart und zäh, obgleich man sie auch zu knabbern beliebte. Und so war

diese charmante Abwechslung für den Gaumen nicht das, was man heute darunter versteht. Man mühte sich noch jahrhundertelang in den Schokolade herstellenden Ländern wie England, Deutschland, der Schweiz und Amerika weiter, nicht nur eine wohlschmeckende, sanfte, plattenförmige Schokoladenköstlichkeit zu entwickeln, sondern die Grundmasse aus Kakao, Kakaobutter, Zucker und Milch oder Sahne außerdem mit zusätzlichen Ingredienzen wie Marzipan, Likör, Rum, Obstschnaps, Mandeln, Nüssen, Pistazien, Früchten, Pfefferminzöl, Orangenblüten- oder Rosenwasser und dergleichen zu verbinden und zu verfeinern. Die flache Schokoladentafel war naturgemäß für die Beigabe vieler dieser Zutaten nicht die geeignete Form. Man formte somit mundgerechte Häufchen, Würfel oder Kugeln und tunkte sie per Hand mit viel Gefühl in geschmolzene, warme Schokoladenkuvertüre. Damit war die Praline geboren! Doch in ihrer heutigen Vollendung ist sie ein noch junges Kind der Schleckerei und wurde erst zu Beginn des 20. Jahrhunderts kreiert.
Wer aber nun tatsächlich der erste Hersteller einer richtigen Praline war, ist unbekannt. Darüber streiten sich weltweit verschiedene Schokoladenproduzenten. Hierbei war ein besonderer Erfolg die Erfindung eines Hohlkörpers aus Schokolade, in den man vor allem Geistig-Flüssiges füllen und den man dann mit Schokolade verschließen konnte. Als die Likörpraline auf den Markt kam, schien die Entwicklung perfekt zu sein. Seitdem arbeitet man eigentlich nur noch an immer raffinierteren Füllungen, nicht aber mehr an der bereits vollendeten Ummantelung.

Edle Zutaten – von allem das Feinste

Schokolade

Zwar wird der Kakaobaum im heutigen Mittelamerika seit 2000 Jahren kultiviert, doch die Geschichte der europäischen Schokolade begann erst im Jahre 1528. Der spanische Eroberer Hernando Cortez (1485–1547) brachte aus dem Gebiet des heutigen Mexikos ein nährendes kaltes Getränk aus zerstoßenen Kakaobohnen, vermischt mit Honig, Gewürzen und Vanille mit, das bei den Azteken auch durch Piment und Pfeffer schmackhaft gemacht wurde. Es war von dickflüssiger Konsistenz und wurde mit einem stabförmigen Quirl schaumig aufgeschlagen, den man im Spanischen „Molinet" nennt. Erst als ein spanischer Höfling das Getränk durch die Beigabe von Rohrzucker verfeinerte und man darauf kam, es zu erhitzen, war die beliebte Trinkschokolade geboren, die der spanische Königshof anfangs jedoch wie ein Geheimnis hütete. Zu Beginn des 17. Jahrhunderts wurde das Rezept für Trinkschokolade außer Landes gebracht und gelangte nicht nur als Schmuggelware, sondern als offizielle Brautgabe der spanischen Prinzessin Anna von Österreich anlässlich ihrer Vermählung mit Ludwig XIII. von Frankreich an den französischen Hof (ihr einziger Sohn war der spätere „Sonnenkönig" Ludwig XIV.). Der Siegeszug der Schokolade ging nun stetig voran. Doch blieb sie vorerst weiter Trinkschokolade. Erst 1826 begann Philippe Suchard mit der Produktion von wohlschmeckender Essschokolade und meldete 1893 seine Erfindung als Novum beim Internationalen Patentamt an. Nachdem der Schweizer Charles-Amédée Kohler als Erster 1831 fein gemahlene Haselnüsse mit Schokolade vermischt hatte und die Brüder Daniel, Peter und Henri Nestlé 1875 die Milchschokolade erfunden hatten, präsentierte im Jahre 1913 Alexis Séchaud in Montreux am Genfer See den ersten gefüllten Schokoladenriegel. Ihm folgte Jean Tobler mit Schokoriegeln und Pralinenmischungen.

Marzipan

Parallel zur Schokolade entstand (wohl im Mittelalter als klösterliche Fastenspeise, doch die Herkunft ist nicht ganz genau zu ermitteln) ein sehr feines Konfekt aus Mandeln und Zucker, mit und ohne Beigabe von Rosenwasser, welches schon seit alten Zeiten in mehreren Städten, namentlich Königsberg in Preußen, Danzig und Lübeck, vorzugsweise gefertigt und von dort aus nach nah und fern versandt wurde. Es war das „Panis Martius“, das Märzbrot, aus dem sich die Bezeichnung „Marzipan“ entwickelte. Kleine, geformte und oft auch verzierte Stückchen waren als „Teekonfekt“ beliebt. Vermischt mit Kakaopulver und/oder Honig, Nüssen, Mandeln und anderen schmackhaften Zutaten, gerollt oder in vielfältige Formen gepresst, wurden daraus Marzipan-Pralinen.

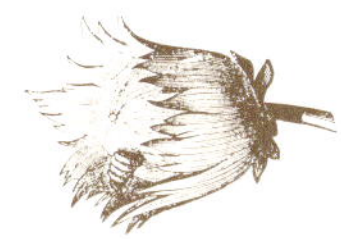

Nougat

Erstmals erwähnt um 1700 als „Nux gatum“ – Nusskuchen, entstand Nougat ursprünglich wahrscheinlich im französischen Montélimar. Dort und auch international wird darunter eine Masse aus in Honig und Zucker gekochten Mandeln (ursprünglich waren es Nüsse) verstanden. In Spanien ist eine Form des Mandelnougats beliebt, die man „Turrón“ nennt und dem französischen ähnelt. Der bei uns bekannte zart schmelzende Nougat, das international als Gianduja bezeichnet wird, ist eine Masse aus in einem Walzwerk mit Zucker ölig geriebenen Mandeln oder Nüssen, die mit geschmolzener Kuvertüre vermischt wird.

Krokant

In einer etwas anderen Zubereitungsart erfand man im 19. Jahrhundert aus Karamell und gehackten Mandeln oder Nüssen den Krokant (von französisch „croquant“ – knusprig) mit seiner gold- bis dunkelbraunen Farbe und dem charakteristischen Geschmack. Als Fertigprodukte werden heute harter, weicher und blättriger Krokant angeboten.

Tragant

Im Biedermeier kamen die heute ganz ungebräuchlichen Figuren und Kringel aus Tragant in Mode, das aus der erstarrenden gummiartigen Absonderung des Boxdorns bestand und besonders im 19. Jahrhundert in der Zuckerbäckerei als Modelliermasse diente. Heute wird Tragant noch bei der industriellen Herstellung z.B. von Würzsaucen, Speiseeis und Geleezuckerwaren eingesetzt.

Himmlisches Konfekt – eine literarhistorische Plauderei

Die Feinschmeckerei, so lehrt ein „Appetitlexikon“ vom Ende des 19. Jahrhunderts, ist so uralt wie die Menschheit selbst. Wäre Urmutter Eva nicht so naschhaft gewesen und Urvater Adam nicht so verführbar – wir säßen noch immer im Paradies und genössen bereits hier himmlische Seligkeit. Das haben wir uns nun aber gründlichst für alle Zeiten verscherzt! Doch als Abglanz dieser verlorenen überirdischen Freuden gönnen die Götter der Menschheit gelegentlich ein kleines Stückchen dieses zerstörten Glückes in Form von wonnevollen Pralinen.

Der Begriff „Praline“ kommt, wie schon erwähnt, aus dem Französischen. Früher hieß es „das Praliné“, heute „die Praline“. Man versteht darunter eine mit Marzipan, Likör, Früchten und dergleichen gefüllte Süßigkeit. Der Oberbegriff hierzu ist „Konfekt“, einst auch als „Labsal der Satten“ bezeichnet, wobei der Begriff von „Konfektion“, das heißt Herstellung, kommt. Dabei handelt es sich zum einen um Zuckerwerk, also vom Konditor (nicht Bäcker!) zubereitetes Backwerk, sowie Figuren aus erhitztem und modelliertem Zucker, zum anderen um Pralinen, aber auch um kandierte Früchte, die durch das Eintauchen in flüssigen Zucker haltbar gemacht und geschmacklich veredelt werden. Somit kann man vielerlei darunter verstehen, wenn Heinrich Heine (1797–1856) in seinem 1827 erstmals erschienenen „Buch der Lieder“ dichtet:

„Mir träumt: ich bin der liebe Gott,
Und sitz' im Himmel droben,
Und Englein sitzen um mich her,
Die meine Verse loben.

Und Kuchen eß' ich und Confekt
Für manchen lieben Gulden,
Und Kardinal trink' ich dabei,
Und habe keine Schulden....“

(Als „Kardinal“ wird ein Punsch aus Weißwein, Zucker und Pomeranzen bezeichnet, ein im 19. Jahrhundert beliebtes Getränk, Anm. d. Verf.)

Offensichtlich verband der Düsseldorfer Poet mit dem Genuss von „Confekt“ ein wahrhaft himmlisches Vergnügen, wobei der Begriff „confectae“ schon um 1333 üblich war. Im Gegensatz zur Herstellung von anderen Genussmitteln hat sich bei der Herstellung von Konfekt im Laufe der Jahrhunderte nicht allzu viel verändert. Es ist eben süß und sehr aromatisch geblieben. Dieses verleitete den Wiener Feuilletonisten Rudolf Habs um 1900 zu folgender Feststellung: „Auffälligerweise hat die Konfektbereitung im Gegensatz zu allen anderen Zweigen der Küchenkunst seit dem 17. Jahrhundert nur sehr geringe Fortschritte gemacht, was sich nur dadurch erklären läßt, daß sie sich schon im Mittelalter in den besten Händen befand, nämlich in denen der Nonnen und der Apotheker, die mit vollster Hingebung gearbeitet und daher der Nachwelt nur wenig auf diesem Gebiet zu tun übriggelassen haben.“
Dennoch gibt es die unterschiedlichsten Süßigkeiten, von denen durch die Jahrhunderte nicht nur alte Koch- und Konditoreibücher künden, sondern auch die Dichter in Prosa oder Lyrik schreiben. So reimte der Berliner Romancier Theodor Fontane (1819–1898) zwischen 1881 und 1891 zu einem nicht genau zu datierenden Geburtstage der ihm angetrauten Emilie (1824–1902) am 14. November einige Zeilen über gebrannte Mandeln und kandierte Nüsse. Doch überbrachte er diese von der Jubilarin bevorzugten

Süßigkeiten nun nicht in so großen Mengen, wie man wohl annehmen sollte! Vielmehr musste sich das Geburtstagskind (insoweit von jeher an Kummer gewöhnt) an seinem Ehrentag einmal wieder in auffälliger Bescheidenheit üben:

„Ein Viertelpfund gebrannte Mandeln,
Ein Viertelpfund kandierte Nuß,
Mehr mocht ich nicht für dich erhandeln,
Und tat auch dies nur, weil ich muß.“

In seinem Roman „Lotte in Weimar“ lässt der Lübecker Autor Thomas Mann (1875–1953) für die alternde Charlotte Kestner, geb. Buff (1753–1828), welche Johann Wolfgang von Goethe (1749–1832) in jungen Jahren anschwärmte und welcher er in den „Leiden des jungen Werthers“ ein literarisches Denkmal setzte, im Weimarer Palais des Dichterfürsten am Frauenplan ein Diner servieren. Zum Kaffee genießt der Hausherr, so Thomas Mann, auch „Confect“: „Man servierte den Kaffee gleich bei Tische. Goethe trank keinen, sondern nahm stattdessen zu dem Nachtisch, der dem Obst folgte und aus allerlei Confect, Tragantkringeln, Zuckerplätzchen und Rosinen bestand, noch ein Gläschen Südweines namens Tinto rosso.“
Wer nun meint, bei dem Begriff „Confect“ habe sich Thomas Mann in seinem Goethe-Roman einen Anachronismus geleistet, der irrt! Denn Goethe kannte sehr wohl „Confect“ sowie eine Unterart davon, kleine runde oder eckige Schokoladenplätzchen, die allerdings noch nicht den weichen gaumenumschmeichelnden Wohlgeschmack hatten, den wir heute gewohnt sind. Diese dünnen Schokoladenplättchen waren ursprünglich zum Auflösen in heißer Milch bestimmt, um die köstliche und seit dem Barock und Rokoko so äußerst beliebte Trinkschokolade zuzubereiten. Doch man kam bald darauf, dass man diese Plätzchen auch pur genießen konnte. Die beste Qualität bezog man damals aus Wien, der Metropole der Konditoren und Kuchen.
Für Goethe war der Besuch der böhmischen Bäder Karlsbad und Marienbad jahrzehntelang *der* Jungbrunnen. Hier verbrachte er jeweils mehrere Sommermonate, insgesamt sechzehnmal, zuletzt in den Altersjahren (1818–1823). Neben der Wiederherstellung

des Körpers waren hierbei die Bäderbekanntschaften von großer Bedeutung für die Gesundung der Seele, vor allem die weiblichen! In dem Weltkurort Karlsbad waren es unter anderem Marianne von Eybenberg, geb. Meyer (gest. 1812, sie gab nie ihr Geburtsjahr preis!), Witwe des Fürsten Heinrich XIV. von Eugenberg, sowie die ältere Schwester Sarah von Grotthuß, geb. Meyer (gest. 1828), die Goethe durch ihre Feingeistigkeit und Koketterie auffielen. Zwischen den dreien entspann sich nicht nur ein jahrelang gepflegter Briefwechsel. Die Damen versahen den großen Meister auch mit allen erdenklichen Aufmerksamkeiten, soweit es die Schicklichkeit zuließ.

Hierzu gehörte auch die reichliche Übersendung von Wiener Schokolade, der sich die in der österreichischen Metropole lebende Marianne besonders befleißigte. Hierdurch erregte sie schon 1796 die Eifersucht von Goethes späterer Ehefrau Christiane, geb. Vulpius (1764–1816). Am 18. Oktober 1798 kündigte Marianne eine Sendung von Kupferstichen und Schokolade nach Weimar an. Am 19. Januar 1799 wiederholte sie die süße Gabe. Am 29. November 1799 schrieb sie: „Sagen Sie mir hübsch ohne Rücksicht, wann ich wieder Chocolade senden soll und worin ich sonst nützlich sein kann.“ Am 26. April 1801 ließ sie anfragen: „Wie steht es mit dem Frühstück? Die Chocolade, die ich durch der kleinen Jagemann mitgab, muß längst verzehrt sein. Sagen Sie mir, ob Sie wieder welche brauchen. Hätte Meyern Platz in seinem Wagen, so gäbe ich ihm gleich welche mit, vielleicht kann er wenigstens einige Pfund mitnehmen.“ Henriette Jagemann (1777–1848) war Sängerin und Schauspielerin in Weimar, Geliebte des Großherzogs Carl August von Sachsen-Weimar-Eisenach (1757–1828) und Mutter mehrerer seiner Kinder. Johann Heinrich Meyer (1760–1832) war der von Goethe hoch

geschätzte „Kunscht-Meyer", ein Maler, Kunstkenner und Kunstgelehrter. Nur wenige Dankesbriefe des Beschenkten sind erhalten. So schrieb er der edlen Spenderin am 26. April 1806: „Gute Chocolade entbehre ich lange und werde eine Portion von Ihrer Hand mit Dank annehmen."

Seit Ende Juli 1821 stieg der alte Dichterfürst anlässlich seiner alljährlichen Kur im böhmischen Marienbad ab. Hier begann er sich alsbald für die jugendfrische siebzehnjährige Ulrike von Levetzow (1804–1899) zu interessieren, deren Mutter Amalie von Brösigke, verwitwete von Levetzow (und erneut verheiratete von Levetzow), er bereits 1806 im benachbarten Karlsbad begegnet war – nicht ohne damalige Empfindung für deren Anmut.

Vierzehn Jahre nach dem Flirt mit der Mutter schwärmte der über siebzigjährige Dichterfürst mehrere Kursommer für die fast noch kindliche Tochter Ulrike, der er allerlei Artigkeiten erwies und Schokolade, Konfekt und Blumen dedizierte. Goethe, zeit seines Lebens nicht nur stark am schönen Geschlecht interessiert, sondern auch an Gesteinen und Mineralien, suchte nun das Interesse der jungen Dame hierfür zu wecken. Denn nichts verbindet Liebende so wie ein gemeinsames Hobby! Daher schenkte er ihr im Sommer des Jahres 1822 eine Schachtel mit einem Pfund feinster Wiener Schokoladenplätzchen, zwischen die er mit Bedacht Rosenquarz, Augit (ein Silikat von Kalzium, Magnesium und Eisen) und Katzensilber (silberne Glimmerschüppchen im Gestein) steckte, nebst einem Zweizeiler, in Anspielung auf die köstliche österreichische Trink- und Essschokolade:

„Genieße dies nach deiner eignen Weise,
Wo nicht als Trank, doch als beliebte Speise."

Sollte der Genuss der damals noch kostbaren Schokolade Glücksgefühle in der schönen Komtesse wecken? Auf jeden Fall weckte er, der frauenerfahrene aber alternde Held, keine erotischen! Denn die „Marienbader Grazie" wies sein Liebeswerben grausam zurück und wurde später zur ältlichen, ja uralten Jungfer von fünfundneunzig Jahren. Konfekt als Liebeswerbung – leider nicht immer von Erfolg gekrönt!

Die Praline – ein Kind des 19. Jahrhunderts

Liest man in den Kochbüchern, die um 1900 entstanden, von handgefertigten Pralinen, so muss man sich über deren schlichte Zubereitung wundern. Feines Konfekt war noch immer das große Geheimnis von erfolgreichen Konditoren und Zuckerbäckern. Die Schokoladenhohlkörper, die man heute bestellen kann, sind erst in den letzten Jahrzehnten auch für Privathaushalte verfügbar geworden. Sozusagen „studienhalber" mögen einige Ur-Pralinenrezepte hier zum Besten gegeben werden, um sie mit den heutigen, eleganten Zubereitungsarten zu vergleichen. Geschmacklich liegen Welten dazwischen!

Um 1900 war die Zeit, als die Dienstmädchen und Köchinnen noch gestärkte weiße Schürzen mit üppigen Rüschen trugen. Man kochte und brutzelte auf schwarzen eisernen Herden, die mit Buschholz und Torf befeuert wurden. Mächtige Öfen, gekrönt von bombastischen Kachelaufsätzen, beheizten die „guten Stuben" und Salons. Hochglänzende, dunkelrote Mahagoni- oder braune Nussbaummöbel aus den Gründerjahren wurden täglich von emsigen Hausgeistern mit Federwedeln abgestaubt. Es war die Zeit der Klavier spielenden „höheren Töchter" und deren Mütter, die Romane der Eugenie Marlitt (1825–1887) oder der Hedwig Courths-Mahler (1867–1950) lasen. Hatte man Gäste, bestellte man zum Servieren einen Lohndiener in Livrée und zum Zubereiten des Menüs eine exzellente Kochfrau. Man deckte dann die Tische mit damastenen, schweren Tafeltüchern ein, die zuvor auf Wäscherollen ohne Strom kalt gemangelt wurden (was dem Leinen einen besonders schönen Glanz gab), und legte zu Repräsentationszwecken das echte alte Familiensilber auf, das zuvor sorgfältig geputzt worden war. Man holte die dickwandigen, handgeschliffenen Kristallgläser, die im Kerzenlicht funkelten, aus der Anrichte und aus dem Leinenschrank die überdimensional großen, steif gestärkten Mundtücher, die man sich sogar um den Hals knoten durfte. Und man brillierte mit einer der üppigen langen Speisefolgen, wenn es

darum ging, vor Gästen „Staat“ zu machen. Hummerbestecke und Fischheber, Brot- und Sardinengabeln, Frühstücks- und Buttermesser, Serviettenringe und Tischglocken gehörten ebenso zu der Aussteuer, dem so genannten „Trousseau“, einer Tochter aus gutbürgerlichem oder gar adeligem Hause wie silberne Brotkörbe, Sektkühler und Punschkessel. Eheverträge wurden abgeschlossen, in denen von „Mitgift“ und „Nadelgeld“ die Rede war. Und es schickte sich partout nicht, dass eine Frau arbeiten ging, es sei denn, es zwang sie bittere Not dazu.
In diesen kaiserlichen Zeiten gönnte sich manche „gnädige Frau“ die Herstellung von eigenen Pralinen, um sich, ihre Familie oder ihre Gäste damit zu verwöhnen. Die Urform war noch immer das Schokoladenplätzchen aus der Goethezeit, jetzt jedoch schon ein wenig veredelt.

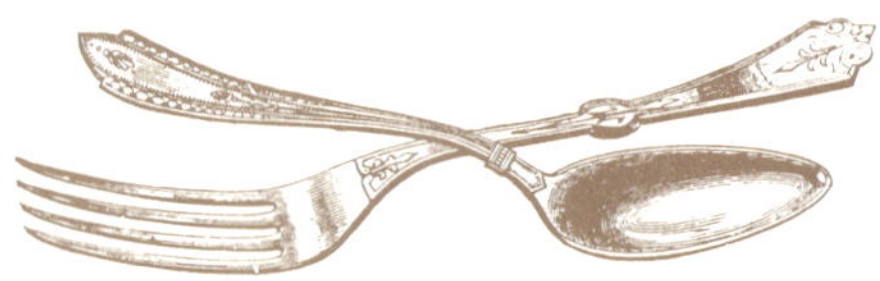

Schokoladenplätzchen um 1900

Man kocht 100 Gramm Zucker bis zum Spinnen, d.h. so lange, bis ein Tropfen des heißen Zuckers sich zwischen zwei Fingern, die man zuerst zusammendrückt und dann wieder voneinander entfernt, zu Fäden auszieht. Unterdes hat man 200 Gramm fein geriebene Vanilleschokolade in einem Porzellangefäß in heißes Wasser gestellt, damit sie sich erweicht. Zu der erweichten Schokolade gibt man den gesponnenen Zucker hinzu und verrührt beides gut miteinander. Nun füllt man die Masse in eine Tüte, drückt kleine Plätzchen auf ein kaltes Blech oder Papier und läßt sie am kalten Ort trocknen.

Pralinés um 1900

Als Tunke für die Pralinés bereitet man dieselbe Masse vor, wie oben beschrieben (Schokoladenplätzchen um 1900, S. 20); man hält aber dieselbe bis zum Gebrauch in heißem Wasser warm. Nun bereitet man die Fülle vor, indem man 300 Gramm Zucker bis zum Fluge kocht. Das heißt, man taucht ihn in kaltes Wasser und kocht ihn so lange, bis er von einem zur Probe hineingetauchten Hölzchen abfliegt, wenn man dagegenbläst. Dann nimmt man den Zucker vom Feuer, füllt 3 Eßlöffel gute Sahne dazu und bearbeitet ihn mit dem Löffel und Messer. Sobald er etwas dicklich wird, gibt man ihn auf ein mit Puderzucker bestreutes Brett und bearbeitet ihn weiter, bis man einen dicken, aber nicht festen Teig erhält. Dabei fügt man dem Zucker nach Belieben Geschmack bei, in Form von Zitronen-, Pomeranzen- oder Vanillezucker oder Rosenwasser, Orangenblütenwasser oder Maraschino. Nun formt man mit den Händen haselnussgroße Bällchen aus dem Teige, taucht dieselben einzeln mit einer Gabel in die Schokoladentunke und setzt sie zum Trocknen auf ein Blech oder Papier. Nach Belieben kann man die Füllung auch rosa oder grün färben. Ebenso verwendet man auch Marzipanmasse als Füllung.

Ein wenig später gab es Kochbücher, die schon eine detaillierte Anleitung preisgaben. Das umfängliche Kochbuch der Mary Hahn, das in Frankfurt erstmals 1913 erschien, hatte dann etwas verfeinerte Pralinenanweisungen, wobei die Schokolade aber immer als Glasur die Füllung ummantelte und noch kein fertiger Hohlkörper war. Und auch das Kochbuch der Elisabeth Wundt, langjährige Vorsteherin der Koch- und Haushaltungsschule des Badischen Frauenvereins Karlsruhe, aus dem Jahre 1925, weist noch nicht unbedingt geschmackliche Raffinessen bei der hausgemachten Fertigung von schokoladigen und fruchtigen Süßigkeiten auf.

Pralinés herzustellen im Jahre 1912

Pralinés kann man sich mit wenig Mühe leicht selbst anfertigen und stellen sich dadurch ganz bedeutend billiger. Auf 1 Pfund Puderzucker rechnet man 1/2 Pfund beste Schokolade, sog. Couverture. Den Zucker teilt man in so viele Teile, als man verschiedene Füllungen haben will und gibt jeden Teil in ein kleines Schüsselchen. Der Zucker wird mit Orangenblütenwasser, Rosenwasser, sehr starkem schwarzen Kaffee oder mit Erdbeer-, Himbeer-, Aprikosensaft oder Gelee angefeuchtet und mit einem kleinen Holzlöffel gut verrührt; auch mit Rum, Arrak, Kognak, Kirschwasser macht man pikante Füllungen, die von Herren vorgezogen werden. – Man formt also mit den Händen haselnußgroße Kugeln, die man nach oben etwas spitzdrücken kann oder schneidet Ovale oder Vierecke, legt sie auf leicht geöltes Papier und läßt sie einige Stunden liegen, damit sie betrocknen. Die Schokolade legt man in einen kleinen Napf, stellt ihn auf den mit kochendem Wasser gefüllten Teekessel und läßt sie dickflüssig werden, ohne irgend etwas hinzuzufügen, nimmt dann den Kessel vom Feuer, läßt aber die Schokolade darauf stehen, damit sie immer flüssig und lauwarm bleibt, legt die Zuckerkugeln oder Vierecke einzeln hinein, wendet sie wenn möglich mit einer zweizinkigen Aufschnittgabel um, hebt sie mit der Gabel heraus, und legt sie auf ein Papier, wo man sie liegen läßt bis sie trocken sind, sie lassen sich dann leicht vom Papier abheben. – Oder man kocht 1/2 Pfund Zucker zum Flug (siehe S. 20), fügt eine gespaltene halbe Vanilleschote und 4 Eßlöffel recht dicke süße Sahne hinzu, läßt beides unter Umrühren einigemal mit aufkochen und bearbeitet den Zucker so lange mit dem Holzlöffel, bis er einen dicken Teig bildet, aus dem man die Kugeln, Vierecke usw. formt und dann in die Couverture taucht. Auch kann man dem abgekühlten Zucker einen beliebigen Geschmack von Likör geben. Zur Verzierung kann man einige Löffel Puderzucker mit einigen Tropfen Wasser dickflüssig rühren, mit einem Tropfen Koschenille (roter Farbstoff, ursprünglich aus der Schildlaus gewonnen, heute synthetisch hergestellt, Anm. d. Verf.) zart rosa färben und mit Hilfe einer Tüte davon einen Punkt auf jedes Praliné spritzen.

Pralinés von Mandeln und Nüssen

Zur Nußfüllung nimmt man Puderzucker und geriebene Nüsse zu gleichen Teilen und feuchtet die Mischung mit Likör an. Haselnuß- und Mandelfüllung wird sehr gut, wenn man einige bittere Mandeln und etwas Zitronen- oder Vanillegeschmack hinzusetzt. Der Teig muß gut zusammenhalten. Von der Mandelfüllung kann man auch kleinfingerdicke und halb so lange Stängelchen rollen und nach dem Überziehen mit Schokolade auf jedes eine halbe weiße Mandel legen; auf haselnußgroße Kugeln von Haselnußfülle nach dem Überziehen eine ganz kleine, von dem braunen Häutchen befreite Haselnuß und auf etwa 3 Zentimeter lange Ovale von Nußmasse 1/4 Walnuß mit dem gelben Häutchen. Die Dinger sehen hübsch aus und sind gut.

Der „Magenta" von 1912

Um ungefähr 1 Pfund dieser delikaten Pralinés zu bereiten, läßt man in einem Tiegel 150 Gramm gestoßenen Zucker ohne Wasser unter stetem Rühren mit dem Holzspatel schmelzen, bis er gelbbraun geworden ist. Dann mischt man schnell 150 Gramm geröstete, von den braunen Häutchen befreite Haselnüsse oder geschälte Mandeln darunter, rührt sie auf dem Feuer gut durch, schüttet das Ganze auf ein leicht geöltes Blech zum Erkalten und stößt es dann im Mörser fein. Dann teilt man diese teigige Masse in haselnußgroße Stücke und rollte sie zwischen den Händen etwas länglich wie Oliven. 200 Gramm gesiebten Puderzucker verrührt man in einem kleinen Napf mit 3–4 Eßlöffeln Kaffee-Essenz (sehr starker Kaffee), so daß die Masse nicht zu dick und nicht zu weich ist, macht sie gut lauwarm, legt die Pralinés einzeln hinein, hebt jedes auf der Gabel sogleich heraus, läßt es auf dieser abtropfen und rollt es sogleich, bevor die Glasur fest wird, in Kristallzucker. Sie halten sich in einer Büchse sehr lange.

Frankfurter Mandelkonfekt von 1912

1/2 Pfund abgezogene Mandeln werden nur mit 3 Eigelb fein gerieben, dann mit 1 Pfund Zucker glatt gewirkt, 5 Millimeter dick ausgerollt, mit allerhand winzig kleinen Ausstechern ausgestochen, auf einem Blech im abgekühlten Ofen getrocknet, dann in Schokoladenglasur getaucht, mit Hagelzucker oder orientalischem Zucker verziert.

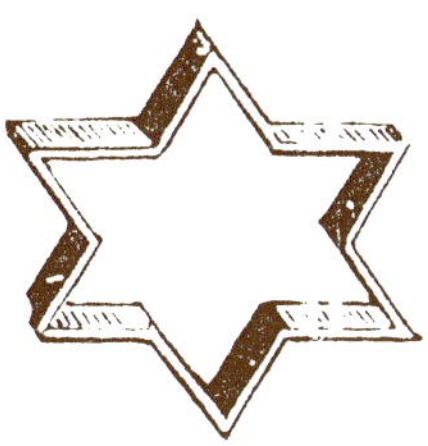

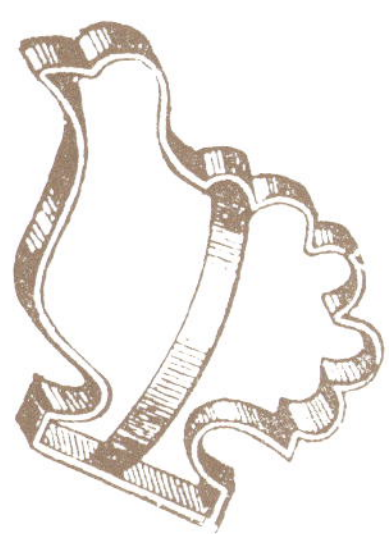

Zuckerplätzchen von 1912

1/2 Pfund Puderzucker wird mit 1 Eiweiß in einem Napf dick angerührt und so lange mit dem Holzlöffel gerührt, bis die Masse eben steht, aber doch noch oben glatt läuft und glänzend ist, wobei man tropfenweise nach und nach so viel aromatische Flüssigkeit hinzufügt, bis die Masse anfängt dickflüssig zu werden. Solche Flüssigkeiten sind z.B. starkes Rosenwasser, Orangenblütenwasser, Zitronensaft, Kaffee-Extrakt usw. Man füllt sie in eine Papiertüte und spritzt die Pastillen auf weißes Papier, die an einem warmen Ort getrocknet werden. Lassen sie sich dann schwer vom Papier lösen, so befeuchtet man das Papier mit Wasser, worauf sie sich nach kurzer Zeit abheben lassen.

Aprikosenpastillen von 1912

Die Aprikosen werden geschält, auf dem Feuer mit der Holzkelle zerrührt und durch ein Sieb gestrichen. Man wiegt dieses Püree und mischt es mit ebensoviel Apfelpüree, wiegt nun das Ganze, fügt das gleiche Gewicht zerstoßenen Zucker hinzu und kocht es unter immerwährendem Rühren mit der Holzkelle, bis daß einige Tropfen davon, in kaltes Wasser getropft, sich nicht mehr auflösen, dann gibt man einen Teil davon in ein Schnabeltöpfchen und tropft auf Weißbleche markstückgroße Pastillen, läßt sie in der Röhre trocknen und klebt sie zu zweien zusammen oder taucht sie in Zucker und bewahrt sie in Holzschachteln auf.

Anna-Pralinés von 1925

1/4 Pfund geschälte süße Mandeln, 1 EL Zucker,
150 g Couverture oder Schokolade

Die Mandeln werden blättrig geschnitten, mit Zucker bestreut und im Backofen lichtgelb geröstet. Unterdessen wird auf der Seite des Herdes die Couverture erweicht, glatt gerührt und die gerösteten Mandeln darunter gemengt. Sodann formt man mit zwei Teelöffeln kleine Häufchen, die zum Trocknen auf weißes Glanzpapier gesetzt werden.

Croquant-Pralinés von 1925

Croquantmasse: 1/4 Pfund Mandeln, 150 g Zucker,
80 g Couverture oder feine Schokolade, 5 Pistazien

Geschälte, gut trockene Mandeln werden in feine Blättchen geschnitten und zum Nachtrocknen kurze Zeit in den wenig heißen Backofen gestellt. In einer eisernen Pfanne röstet man den Zucker unter beständigem Rühren, bis er hellgelb wird und anfängt zu schäumen. Nun gibt man die Mandeln zu und röstet sie etwa 5 Minuten mit. Der dabei erhaltene Croquant wird auf einem mit Öl bestrichenen Brett zu stark bleistiftdicken Rollen ausgerollt und in 2 Zentimeter lange Stäbchen geschnitten. Etwa 60 Gramm Croquantmasse reibt man auf der Mandelmühle, und zieht sie unter die auf der Seite des Herdes erweichte Couverture. Die erkalteten Croquantstückchen werden nun durch die Couverture gezogen, mit verwiegten Pistazien bestreut und zum Trocknen auf Glanzpapier gesetzt.

Luisen-Pralinés von 1925

90 g Haselnusskerne, 90 g Couverture, 10 g Puderzucker, 45 g Butter, 1 TL Silberkügelchen

Die Haselnüsse werden auf ein Blech gelegt und in den heißen Backofen gestellt, bis sich die Schalen loslösen lassen. Nach Entfernung der Schalen werden die Haselnüsse nochmals in den Backofen gebracht, gelb geröstet, nach dem Erkalten zweimal durch die Reibmaschine getrieben und durch ein feines Drahtsieb gesiebt. Die Couverture wird in einer kleinen Schüssel auf der Herdplatte erweicht, glatt gerührt, und nebst den Haselnüssen und Zucker unter die schaumige Butter gemengt. Mit Hilfe eines Spritzsackes, der mit einer Sterntülle versehen ist, werden von der Masse kleine Sternchen (Durchmesser 2 Zentimeter) auf weißes Glanzpapier gespritzt. Auf die Spitze setzt man eine kleine Silberkugel und lässt die Pralinés fest werden.

Schokoladentrüffel von 1925

120 g Schokolade oder Couverture, 1 EL Rahm, 60 g Butter,
2 EL Schokoladenkrumen

Schokolade oder Couverture wird in der Wärme erweicht, glatt verrührt und sodann nebst dem Rahm unter die schaumig gerührte Butter gegeben. Sobald die Masse anfängt steif zu werden, formt man kleine Kugeln in der Form von Trüffeln davon und wendet sie in Schokoladenkrumen leicht um. Beim Gebrauch werden die Trüffeln in kleine Papierkästchen gesetzt.

Schokoladenblutwurst von 1925

1/2 Pfund Milchschokolade oder Couverture, 1 Eiweiß,
15 g mit Vanille gewürzter Zucker,
1/4 Pfund geschälte, in Splitter geschnittene geröstete Mandeln

Milchschokolade oder Couverture stellt man in einer kleinen Schüssel auf die Seite des Herdes. Sobald sie weich geworden ist, wird sie glatt verrührt und der steife Eierschnee nebst dem Zucker und den Mandeln darunter gemengt. Man nimmt den Teig auf das mit Zucker bestreute Wellbrett, formt eine etwa 5 Zentimeter dicke Wurst, welche nach dem Steifwerden in Stanniol eingewickelt und mit hübschen Bändchen gebunden wird. Beim Gebrauch schneidet man sie in 1/2 Zentimeter dicke Rädchen.

Rumkugeln und Haferflockenkonfekt – Erinnerungen an die Kindheit:

Als im heißen Sommer des Jahres 1959 der Kinofilm über Thomas Manns „Buddenbrooks“ in Lübeck abgedreht wurde, hatten meine Busenfreundin Ellen und ich – fünfzehnjährig und sehr neugierig auf das Leben, auf junge Männer, und eigentlich auf alles – das Glück, die Aufnahmen für eine winzige Szene beobachten zu dürfen: Lilo Pulver, alias Tony Buddenbrook, wird auf der Straße von ihrem späteren (Film-)Ehemann Robert Graf, alias Bendix Grünlich, gegrüßt und angesprochen, während er ihren heruntergefallenen Pompadour aufhebt. Schnippisch und mit der Arroganz der Hanseatin des 19. Jahrhunderts steckt sie sich eine Rumkugel in den mokant verzogenen Mund, wirft das Kinn hoch und lässt ihn stehen. Immer wieder wurde diese kleine Episode wiederholt – bis die große Tüte mit Rumkugeln leer war. Ob Frau Pulver später je wieder Rumkugeln verspeist hat?

Diese Rumkugeln, in länglichen Schokoladenstreuseln gewälzt, wurden später, als ich als Studentin über einen eigenen, wenn auch bescheidenen Wechsel verfügte, für mich der Inbegriff der Schlemmerei. Etwas anderes als gelegentlich eine durchsichtige Tüte voll von diesem Konfekt hätte ich mir nie gestattet! Dieses Konfekt, das schwer im Magen lag, aber wunderbar nach Rum und Schokolade schmeckte und in unterschiedlichen Variationen hergestellt wurde! Was wusste ich damals von Champagnertrüffeln, Nougatwürfeln, Kirschstäbchen, Mandelkrokant oder Marzipanpralinen? Mir Derartiges zu kaufen wäre die absolute und daher verwerfliche Völlerei gewesen, die mir, zur preußischen Selbstkasteiung erzogen, in meinem damaligen finanzschwachen Zustand überhaupt nicht zustand! Von zu Hause kannte ich nur selbst gefertigte Haferflockenkugeln, die meine Mutter, sparsam und gottesfürchtig, alle Jubeljahre zu besonderen Anlässen rollte und uns Kindern nach dem Erkalten stückweise (pro Tag ein Stück!) zuteilte.

Rumkugeln I

125 g weiche Butter, 250 g geriebene Blockschokolade,
100 g gesiebter Puderzucker, 2 EL geschlagene Sahne, Rum nach Geschmack
Außerdem: Schokoladenstreusel

Die Zutaten miteinander verrühren. Kleine Kugeln daraus rollen und in Schokoladenstreuseln wälzen. Kühl stellen.

Rumkugeln II

60 g weiche Butter, 120 g Schokolade, 1 EL Rum
Außerdem: Schokoladenstreusel

Die Butter schaumig rühren. Grob gehackte Schokolade in einer Schüssel im heißen Wasserbad verflüssigen, Rum dazugeben und mit der Butter vermischen. Die Masse kalt stellen, bis sie fest genug ist, um kleine Kugeln daraus zu formen. In Schokoladenstreuseln wälzen. Kühl stellen.

Rumkugeln III

100 g geriebene Zartbitterschokolade, 100 g gesiebter Puderzucker,
50 g gemahlene Mandeln, 1 Eiweiß
Für die Füllung: 20 g weiche Butter, 1 EL Rum,
1 hart gekochtes, passiertes Eigelb, etwas Vanillezucker
Außerdem: Schokoladenstreusel

Schokolade, Puderzucker, Mandeln und Eiweiß zu einem glatten Teig verarbeiten und eine dicke Rolle daraus formen. Von dieser mit einem scharfen Messer gleichmäßige Scheiben abschneiden und etwas platt drücken. Für die Füllung die Butter schaumig rühren, Rum, Eigelb und Vanillezucker darunter mischen. Die Creme auf den Scheibenmitten verteilen und diese zu Kugeln rollen. In den Streuseln wälzen. Kühl stellen.

Rumkugeln IV

50 g weiche Butter, 175 g geriebene Schokolade, 2 EL Rum,
1 EL gewaschene und trockengetupfte Rosinen
Außerdem: Schokoladenstreusel, grob gehackte Mandeln

Butter schaumig rühren und mit der Schokolade und dem Rum gut verkneten. Die Masse halbieren. Die eine Hälfte mit Rosinen vermengen und zu Kugeln rollen. In Schokoladenstreuseln wälzen. Die andere Hälfte zu Kugeln rollen und in den gehackten Mandeln wälzen. Kühl stellen.

Rumkugeln V

150 g süße Mandeln, 5 bittere Mandeln,
200 g Halbbitter-Kuvertüre, 5 EL Rum (54 Vol.-%),
1 TL fein abgeriebene Schale von 1 unbehandelten Orange,
125 g weiche Butter, 300 g gesiebter Puderzucker,
Außerdem: 200 g geraspelte Schokolade,
Pergamentpapier, 80 Pralinenkapseln aus Papier

Die Mandeln mischen und in der Mandelmühle mahlen. Die Kuvertüre nach Packungsanleitung im heißen Wasserbad schmelzen. Rum, Orangenschale und die Mandeln dazugeben, noch im Wasserbad verrühren, herausnehmen. Die Butter schaumig schlagen, mit dem Puderzucker vermischen und esslöffelweise unter die Schoko-Mandel-Masse rühren. In eine Schale Wasser mit Eiswürfeln füllen, die Masse in einer Metallschüssel hineingeben und kalt werden lassen. Mit kühlen Fingern (immer wieder in das Eiswasser tauchen und rasch abtrocknen) schnell kleine Kugeln formen. Die geraspelte Schokolade in einen tiefen Teller geben und die Kugeln darin wälzen, auf Pergamentpapier setzen und 6 Stunden im Kühlschrank erstarren lassen. Die Kugeln in Papierkapseln setzen und in Blechdosen zwischen Lagen von Pergamentpapier bis zum Verzehr kühl verwahren.

Rumkugeln VI und Braune Spitzen

125 g Butter, 125 g gesiebter Puderzucker,
1 EL fein gemahlener Kaffee, 1 EL Kakaopuder, 1 EL Rum,
200 g gemahlene Haselnüsse, 350 g Halbbitter-Kuvertüre
Außerdem: 200 g Schokoblättchen, Schmuckplätzchen, Mandeln,
Pralinenkapseln aus Papier

Butter und Puderzucker schaumig rühren. Nacheinander Kaffee, Kakao, Rum, Nüsse und geriebene Kuvertüre dazugeben, die Masse teilen. Für die Rumkugeln eine Hälfte des Teiges zu haselnussgroßen Kugeln rollen, ringsum in Schokoblättchen wälzen, kühl stellen.
Für die Braunen Spitzen die andere Teighälfte mithilfe einer Spritztüte mit Sterntülle in die Pralinenkapseln tupfen, mit Schmuckplätzchen und Mandeln verzieren, ebenfalls kühl stellen.

Muttis Haferflockenkonfekt

3 EL Vollmilch, 1/2 EL Butter, 2 EL Kakaopuder,
1 kräftiger Schuss Rum, 220 g Zucker, 100 g blütenzarte Haferflocken
Außerdem: Pergamentpapier

Milch mit Butter, Kakao, Rum sowie Zucker verrühren und gut aufkochen lassen, dann die Haferflocken beimengen. Den Topf mit der Masse in ein heißes Wasserbad setzen, da der Brei rasch fest wird. Mit einem Teelöffel Portionen abstechen, etwas erkalten lassen und dann rasch zu Kugeln formen. Auf Pergamentpapier trocknen lassen.

Haferflockenkugeln von 1956

125 g blütenzarte Haferflocken, 50–70 g Zucker,
25 g zerlassene Butter, 2–3 EL Marmelade, 1 EL Kakaopulver, 1–2 EL Rum
Außerdem: Zucker oder Schokoladenstreusel zum Wälzen

Haferflocken mit Zucker, Butter, Marmelade, Kakao und Rum vermischen. Ist die Masse zu fest, ein wenig warmes Wasser oder noch Butter bzw. Rum hinzugeben. Kleine Kugeln formen und diese in Zucker oder Schokoladenstreuseln wälzen. Kühl stellen.

Haferflockenkugeln, etwas anders

100 g blütenzarte Haferflocken, 220 g Zucker, 1/2 EL Kakaopulver,
1 EL Rum, 1/2 EL Milch, 1 walnussgroßes Stück weiche Butter

Haferflocken mit Zucker, Kakao, Rum, Milch und Butter gut verkneten. Kleine Kugeln daraus rollen. Kühl stellen.

Haferflockenkugeln mit Sahne

125 g weiche Butter, 2 Eier, 200 g Zucker, 2 Päckchen Vanillezucker,
70 g Kakaopuder, 500 g blütenzarte Haferflocken,
3–4 EL Rum, 3 EL Sahne
Außerdem: geraspelte Schokolade, Pergamentpapier

Butter bei geringer Hitze schmelzen und wieder abkühlen lassen; sie muss aber flüssig bleiben. Eier und Zucker cremig-schaumig schlagen, Vanillezucker, Kakao, Haferflocken, Rum und Sahne dazugeben und alles mit der Butter gut vermengen. Abkühlen lassen und haselnussgroße Kugeln rollen, in einem tiefen Teller in der geraspelten Schokolade wälzen. Trocknen lassen. In einer Blechdose zwischen Schichten von Pergamentpapier verwahren, kühl stellen.

Haferflockenkrokant

50 g Butter, 100 g Zucker, 150 g blütenzarte Haferflocken, 1 Päckchen Vanillezucker
Außerdem: Öl zum Einfetten

Butter in einer großen Pfanne sanft schmelzen. Zucker und Haferflocken hinzugeben und unter Rühren so lange erhitzen, bis die Masse hellbraun ist. Der Zucker muss beginnen, flüssig zu werden. Nun rasch den Vanillezucker unterrühren und die Masse etwa 1/2 Zentimeter hoch auf eine oder mehrere eingeölte Porzellanplatten gießen, glatt streichen. Ist die Masse etwas erkaltet, mit einem kräftigen Messer in kleine Vierecke schneiden und diese ganz abkühlen lassen. Dann in mundgerechte Stücke brechen und in Blechdosen aufbewahren.

W.
L M

Schokopralinen – ein Zaubermittel

Das erste Mal wurde ich selbst um 1950/51, sechsjährig und gerade des Lesens und Schreibens in seinen Grundbegriffen kundig, mit dem Wort „Pralinen" in dem weltberühmten und mehrfach verfilmten Roman „Das doppelte Lottchen" des Dresdeners und Wahlmüncheners Erich Kästner (1899–1974) konfrontiert. Die zukünftige Stiefmutter bietet der „falschen" Luise, nämlich der Zwillingsschwester mit dem richtigen Namen Lottchen, in der Wiener Staatsoper, in welcher der zauberhafte Papa als Kapellmeister die 1893 entstandene Märchenoper „Hänsel und Gretel" von dem Komponisten und Musikprofessor Engelbert Humperdinck (1854–1921) dirigiert, Pralinen an. Beide Schwestern haben sich durch Zufall kennen gelernt und heimlich die jeweiligen Kinderzimmer in Wien und München sowie die geschiedenen Elternteile getauscht, ohne dass diese es merken. So verführerisch, wie die Geliebte des Vaters mit dem Namen „Fräulein Irene Gerlach" ist, sind auch ihre Konfektstücke. Verführerisch und kostbar! Man bedenke, wann Erich Kästner das Buch geschrieben hat – 1949, in einer Zeit, in welcher die meisten Deutschen von diesen Süßigkeiten, sofern sie diese überhaupt kannten, nur träumen konnten. Pralinen waren, wenige Jahre nach Kriegsende, der Gipfel des Luxus, ähnlich wie Parfum und seidene Strümpfe! „Als später Hänsel und Gretel vor dem knusprigen Pfefferkuchenhaus ankommen, daran herumknabbern und vor der Hexenstimme erschrecken, beugt sich Fräulein Irene Gerlach, so heißt die elegante Dame, zu dem Kind hinüber, schiebt ihm die Konfektschachtel zu und flüstert: ‚Willst du auch ein wenig knuspern?' Lottchen zuckt zusammen, blickt auf, sieht das Frauengesicht vor sich und macht eine wild abwehrende Geste. Dabei fegt sie leider die Konfektschachtel von der Brüstung, und unten im Parkett regnet's vorübergehend, wie aufs Stichwort, Pralinen! [...] Ob das auch eine Hexe ist? Eine schönere als die auf der Bühne?"

Ein geschenkter Kasten guter Pralinen erscheint mir immer mit dem Odeur von Luxus und Wohlleben behaftet zu sein, so dass ich mir eine dieser mit ausgefeiltem luxuriösen Design ausgestatteten Schachteln nie selber kaufen würde. Edle Pralinen sind noch immer etwas sehr Exquisites, das besonderen Stunden vorbehalten sein sollte. Und sie haben bekanntlich ihren Preis! Abgesehen davon verbieten es mir figürliche Gründe, darin zu schwelgen. Schokolade soll ja Glücksgefühle auslösen. Diese sind bei mir jedoch sehr kurzlebig und werden alsbald durch Schuldgefühle ersetzt!
Wenn ich hingegen meine Busenfreundin Ellen – mittlerweile langjährige Chirurgengattin – betrachte, könnte ich vor schierem Futterneid erblassen! Abend für Abend geht sie werktags im trauten ehelichen Bette mit ihrem „Gebieter und Ernährer“ die privatärztlichen und kassenärztlichen Leistungen durch, die ihr Teurer im Laufe des Tages der heilungsuchenden Menschheit hat zukommen lassen. Und dabei verdrückt sie ungeniert ein gestandenes halbes (!) Pfund Konfekt! Ich bin nicht neidisch auf die Liquidationen, denen sie entgegensehen darf, aber auf ihre gertenschlanke Figur, die sie seit über dreißig Jahren, trotz der allabendlichen opulenten Nascherei, behält. Die Welt ist doch zu ungerecht! Unsereiner nimmt schon beim Blick in die appetitlichen Auslagen einer Confiserie ein Kilo zu – und bei Freundin Ellen tut sich rein gar nichts!

Schokoladenkugeln

1/2 Eiweiß, 1/2 Päckchen Vanillezucker, 1 TL Kaffeelikör oder
1–2 TL sehr starker Kaffee, 125 g gesiebter Puderzucker
Außerdem: Pergamentpapier, Vollmilch-Kuvertüre

Das Eiweiß zu sehr festem Schnee schlagen und mit Vanillezucker sowie Likör oder Kaffee abschmecken. So viel Puderzucker unterrühren, dass die Masse fest genug ist, um daraus kleine Kugeln zu rollen. Diese über Nacht auf Pergamentpapier trocknen lassen. Am nächsten Tag die Kugeln auf Zahnstocher stecken und in die nach Packungsanweisung geschmolzene Kuvertüre tauchen. Kühl lagern!

Quark-Kokos-Pralinen

125 ml Sahne, 250 g weiße Kuvertüre, 100 g eiskalte Butter,
1/2 TL flüssiges Vanillearoma, 2 EL Kokosraspel, 2 EL Magerquark
Außerdem: 80 Stannioltütchen oder Pralinenkapseln aus Papier,
Zuckerperlen zum Verzieren

Die Sahne erhitzen, die Kuvertüre hacken und darin auflösen. Vom Herd nehmen, die Butter in Flöckchen dazu geben und unterrühren. Die Masse im Kühlschrank etwas erkalten lassen und dann mit dem Handrührgerät aufschlagen. Vanillearoma, Kokosraspel und Quark unterrühren. Die Masse in eine Spritztüte mit Sterntülle füllen und Tupfer in die Stannioltütchen oder Papierkapseln setzen. Mit Zuckerperlen verzieren. Leicht angefroren anbieten!

Tipp

Diese äußerst aparten Pralinen können auf Vorrat einige Tage eingefroren werden.

Cognac-Hütchen

125 g Halbbitter-Kuvertüre, 125 g Sahne,
80 g Nussnougat (Fertigprodukt), 2 EL Cognac
Außerdem: ca. 50 Stannioltütchen, Pistazien und Silberperlen zum Verzieren

Die Kuvertüre grob hacken. Sahne und gehackten Nougat hinzugeben und auf kleiner Flamme sanft schmelzen. Die Masse im Kühlschrank halbfest werden lassen. Mit dem Handrührgerät cremig aufschlagen. Den Cognac unterrühren. Die Masse in eine Spritztüte mit Sterntülle füllen und in die Stannioltütchen spritzen. Mit je einer Pistazie und einer Silberperle verzieren. Kühl stellen.

Cognacpralinen

100 g Vollmilchschokolade, 50 g Zartbitterschokolade, 125 g weiche Butter,
125 g gesiebter Puderzucker, 2 cl Cognac (1 Gläschen), 3 EL Kakao
Außerdem: Kakao zum Formen des Konfektes, 45 Pralinenkapseln aus Papier

Beide Schokoladensorten grob hacken und im heißen Wasserbad schmelzen lassen. In einer anderen Schüssel Butter und Puderzucker schaumig rühren. Die geschmolzene Schokolade esslöffelweise zufügen. Cognac und Kakao gut darunter rühren. Die Schüssel mit Folie abdecken und die Masse 20 Minuten im Kühlschrank fest werden lassen. Kakao in einen tiefen Teller geben und die Handflächen damit bestäuben. Mit einem Teelöffel jeweils so viel Masse abstechen, dass man daraus Kugeln von 2 Zentimeter Durchmesser formen kann. Die Kugeln in Kakao wälzen und in die Papierkapseln setzen. Kühl aufbewahren.

Mokkapralinen

125 g gemahlene Haselnüsse, 150 g gesiebter Puderzucker,
2 Päckchen Vanillezucker, 1/2 TL Butter, 1 Eigelb,
100 g beste Marzipanrohmasse, 1 Doppelbeutel Rum-Back,
3 EL Instant-Kaffee- oder Instant-Cappuccinopulver
Außerdem: Frischhaltefolie, 1 Beutel dunkle Kuchenglasur

Haselnüsse mit Puder- und Vanillezucker mischen. Butter sanft schmelzen lassen, mit Eigelb, Marzipan, Rum-Back und Instant-Kaffeepulver vermengen. Zu der Nussmischung geben und gut verkneten. Aus der Masse eine Kugel formen, in Frischhaltefolie wickeln und für 1 Stunde in den Kühlschrank legen. Die Kugel zwischen zwei Lagen Frischhaltefolie zu einer Platte von 1/2 Zentimeter Dicke ausrollen und mit kleinen Blechformen beliebige Figuren ausstechen. Kuchenglasur nach Packungsanweisung schmelzen und die Figuren mit Hilfe einer Pralinengabel zur Hälfte oder ganz hineintauchen oder die Oberfläche mit Kuvertüre bepinseln. Abtropfen lassen und zum Abkühlen auf ein Kuchengitter setzen. Kühl servieren!

Tipp

Wenn Sie eine größere Menge Mokkapralinen anfertigen, als Sie sofort verzehren möchten, können Sie diese einfrieren.

Landrats Lieblingskonfekt

1/8 l Sahne, 250 g Zucker,
100 g Vollmilchschokolade, 3 EL Rübensirup,
knapp 100 g Palmin, 200 g Haselnusskerne

Sahne und Zucker aufkochen und unter Rühren so lange kochen, bis die Masse beginnt, dicklich zu werden. Den Topf vom Herd nehmen, die grob gehackte Schokolade, Sirup und Palmin hinzugeben. Rühren, bis das Palmin geschmolzen ist. Haselnüsse grob hacken und in die Masse geben. Diese auf einem Kuchenblech 1 1/2–2 Zentimeter dick verstreichen. An kühlem Ort erstarren lassen und in beliebige Stücke schneiden. Muss eiskalt serviert werden!

Tipp

Auch diese Pralinen können eingefroren werden.

Marzipankonfekt – die süße Mandelspeise

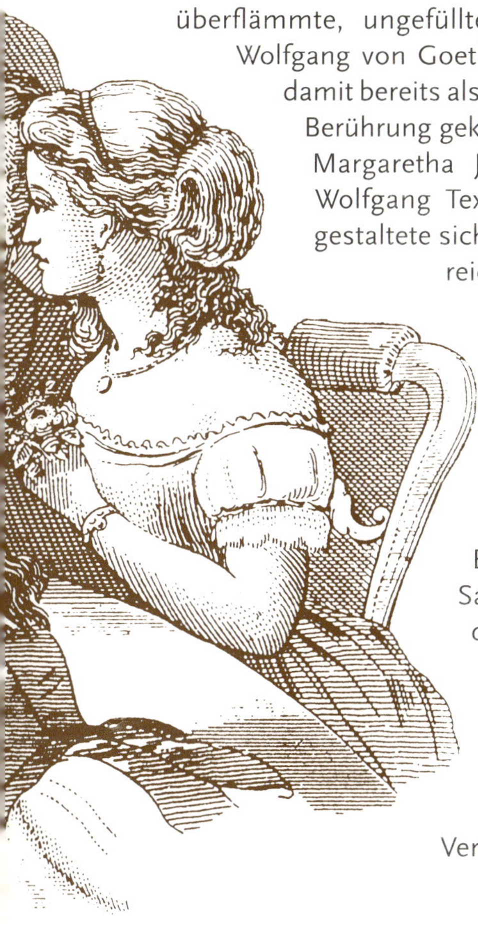

Zum Konfekt wird auch das Marzipan gerechnet. Heißt doch noch heute das bräunlich überflämmte, ungefüllte Königsberger Marzipan „Teekonfekt". Johann Wolfgang von Goethe war hiervon ein großer Liebhaber. War er doch damit bereits als Knabe im großmütterlichen Haushalt in Frankfurt in Berührung gekommen. Goethes Großmutter mütterlicherseits war Margaretha Justina Lindheimer, die den Schultheiß Johann Wolfgang Textor ehelichte. Der Neujahrsmorgen in Frankfurt gestaltete sich in Goethes Kinderzeit recht gesellig. Man empfing reichlich Gäste oder machte Besuche. Beim Großvater Textor wurden am Neujahrsabend eine auserwählte Zahl von „Vertrauten, Verwandten, unteren Staatsbeamten" und „die Herren vom Rathe" begrüßt. Wohl nicht nur zum Entzücken der Kinder gab es dann „Torten, Biskuitkuchen, Marzipane" und süßen Wein, wie sich Goethe später in „Dichtung und Wahrheit" erinnert.

Ein Zeitgenosse Goethes war der von 1785–1843 in Sachsen, Preußen, Bayern, Holstein und Italien lebende schöngeistige Kunsthistoriker und Zeichner Karl Friedrich Freiherr von Rumohr. Er ging weniger durch seine kunstgeschichtlichen Abhandlungen, seine Romane und Novellen als vielmehr durch sein ungewöhnliches Kochbuch „Geist der Kochkunst" in die Literaturgeschichte ein. Er war ein Verfechter der gesunden, unverfälschten Küche und zog, obwohl er Landgüter in der Nähe der Marzipanhochburg Lübeck besaß, gegen diese „Haremsspeise", wie Thomas Mann sie über einhundert Jahre später nannte, gewaltig zu Felde:

„Allerlei Tortenteig mit zerstoßenen Mandeln anzumachen, wie es an so vielen Orten Gebrauch ist, widerrate ich allen menschenfreundlichen Köchen. Denn die Mandelpastete ist teils nicht jeglichem angenehm, teils ohne Ausnahme unverdaulich. Darum verdirbt das Gebiß solcher Menschen, die von Marzipanen und Mandeltorten häufig Gebrauch machen. Ja, ganze Ortschaften bringen durch den Gebrauch des Mandelgebäcks ihre äußeren und inneren Verdauungswerkzeuge auf das sträflichste in Unordnung. Ich habe sogar von einer Frau gehört, die an dem Marzipan sich tot gegessen."

Doch das mag die einzige Frau gewesen sein, die durch den Genuss von Marzipan zu Tode gekommen ist. Andere Damen behielten zeit ihres Lebens ein besonderes Faible dafür! So war eine Liebhaberin von Marzipan offenbar Constanze (1825–1865), die erste Ehefrau des Husumer Dichters Theodor Storm (1817–1888). Constanze Storm hatte möglicherweise schon als Tochter des gut situierten Segeberger Bürgermeisters Johann Philipp Ernst Esmarch (1794–1875) seit frühester Jugend aus dem benachbarten Marzipan-Dorado Lübeck diese Köstlichkeit in unterschiedlichen Formen erhalten und zu würdigen gewusst. Es ist anzunehmen, dass Storm selbst während seines Schulaufenthaltes im Lübecker „Katharineum" im Jahre 1835 Marzipan kennen gelernt hat. Und so berichtet er am 22. Dezember 1854 seiner Segeberger Schwiegermutter hinsichtlich einer Weihnachtsüberraschung für Constanze:

„Du, liebe Mutter, erinnerst dich vielleicht eines kleinen Kästchens mit einer rothen Rose in Perlenstickerei; ich meine von Emilie Sommer; das habe ich wieder, wie es gewesen, heimlich zurechtmachen lassen und werde es, mit Marzipanbrödchen gefüllt, neben den andern Sachen stellen, eine Erinnerung an vergangene Zeit."

Auch Theodor Fontane würdigte Marzipankonfekt als eine lukullische Großtat, insbesondere das in Berlin schwer erhältliche Lübecker Marzipan. Zum Weihnachtsfest 1861 hatte der Dichter, dessen literarische Erfolge erst in seinen letzten Lebensjahren durch höhere Honorare belohnt wurden und der den überwiegenden Teil seines

Lebens sehr sparsam sein musste, durch seinen Verleger Wilhelm Hertz (1822–1901) eine Kiste voll Marzipan aus Lübeck besorgen lassen. Als die Kiste eintraf, vermeinte die Familie Fontane sich diesen für die Haushaltskasse recht einschneidenden Posten doch nicht gönnen zu dürfen. So sandte man sie zum Jahresbeginn an eine Londoner Arztfamilie, mit der man sich während des Englandaufenthaltes angefreundet hatte und der man offenbar zu einem großzügigen Geschenk verpflichtet war. Und Fontane schreibt an Wilhelm Hertz am 3. Januar 1862:
„Das neue Jahr scheine ich als ein unprompter Briefeschreiber beginnen zu sollen, – ich schulde Ihnen noch meinen Dank für den Neujahrsbrief in Folie und für die Lübecker Marzipankiste. Die letztre, da wir uns überlegt, dass die Sache doch eigentlich zu schade für uns ist, wird als nachträgliches Weihnachtsgeschenk nach England wandern."

Marzipan nach Hausfrauenart

300 g abgezogene Mandeln, 300 g gesiebter Puderzucker, 3 EL Rosenwasser (Apotheke), 4 Tropfen Bittermandelöl
Außerdem: Frischhaltefolie, Puderzucker zum Ausrollen

Die trockenen Mandeln zweimal durch die Mandelmühle drehen. Mit Puderzucker, Rosenwasser und Bittermandelöl zu einer glatten Masse kneten. Das Marzipan nun als Rohmasse für andere Rezepte weiterverarbeiten. Oder eine Lage Frischhaltefolie mit Puderzucker bestäuben und das Marzipan darauf legen. Eine zweite Lage Frischhaltefolie darüber legen und das Marzipan 1 Zentimeter dick ausrollen. In 2 Zentimeter große Quadrate schneiden. Auf eine große Platte legen und über Nacht in einem warmen Raum trocknen lassen. In Blechdosen zwischen Alufolie kühl aufbewahren.

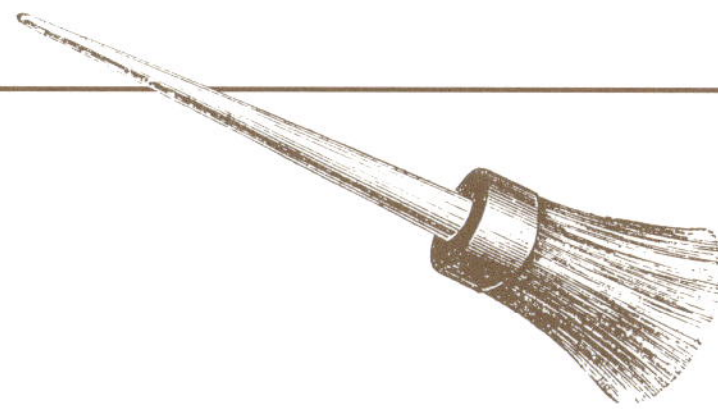

Geschminkte Marzipanfrüchte

500 g beste Marzipanrohmasse, 3 EL Orangenlikör oder -saft,
500 g gesiebter Puderzucker
Außerdem: Pergamentpapier, Speisefarbe,; 1 sauberer Schülerpinsel

Marzipan mit Likör oder Saft und Puderzucker verkneten. Aus der Masse Trauben, Erdbeeren, Äpfel, Birnen, Zitronen, Bananen oder Pflaumen formen (nicht zu groß!). Die Früchte auf Pergamentpapier legen und über Nacht an kühlem Ort trocknen lassen. Am nächsten Tag in Eierbechern jeweils 1 Esslöffel Wasser mit einigen Tropfen Speisefarbe vermischen und die Früchte damit möglichst naturgetreu bemalen. Vorher bei Zitronen und Erdbeeren Poren eindrücken, beim Kernobst Blüte und Stielansatz.

Tipp

Zum Verschenken die Marzipanfrüchte in kleinen Kästchen mit Seidenpapier oder Zellophan zu Obstkistchen zusammenstellen.

Marzipankartoffeln

200 g beste Marzipanrohmasse, 150 g gesiebter Puderzucker,
1 TL Instant-Kaffeepulver, 2 EL Cognac oder Kaffeelikör
Außerdem: 1 knapper EL Kakao, etwas Puderzucker

Marzipan mit Puderzucker verkneten, das Kaffeepulver im Alkohol auflösen und dazugeben. Nochmals gut verkneten, Kugeln formen, Kakao mit ein wenig Puderzucker vermischen, die Kugeln darin wälzen, mit einem spitzen Hölzchen einige Löcher als „Augen" eindrücken. Jeweils 10 Stück in ein Zellophantütchen füllen, mit Schleifenband versehen und kühl lagern.

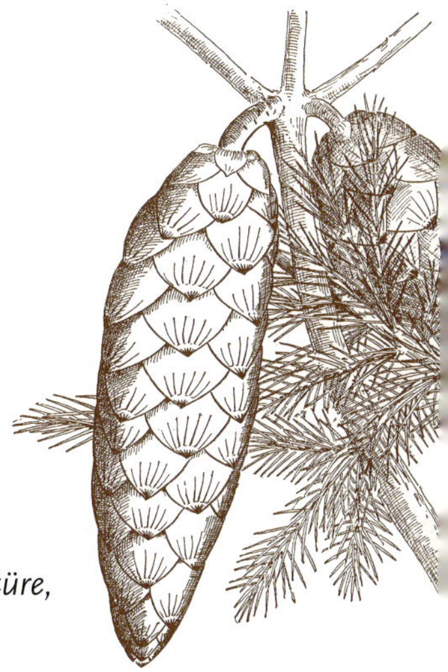

Marzipanzapfen

Orangenmarzipan: 300 g beste Marzipanrohmasse,
50 g gesiebter Puderzucker, 25 ml Orangenlikör,
50 g Orangenmarmelade
Chartreuse-Marzipan: 300 g beste Marzipanrohmasse,
75 g gesiebter Puderzucker,
25 ml Chartreuse (grünlicher Kräuterlikör aus Frankreich)
Außerdem: Puderzucker für das Arbeitsbrett, 100 g Vollmilch-Kuvertüre,
100 g helle Fettglasur, 100 g Halbbitter-Kuvertüre,
100 g dunkle Fettglasur, Pergamentpapier

Für das Orangenmarzipan Marzipan mit Puderzucker und Likör verkneten. Marmelade durch ein Sieb passieren, zum Marzipan geben, gut vermischen. Aus der Masse 25 spitz zulaufende „Tannenzapfen“ formen und für 1 Stunde auf einem mit Puderzucker bestäubten Brett im Zimmer trocknen lassen. Das Chartreuse-Marzipan auf die gleiche Weise zubereiten, ebenfalls 25 Zapfen formen und trocknen lassen.
Die Zapfen nach dem Trocknen von unten nach oben zackenförmig so einschneiden, dass sie wie Tannenzapfen aussehen. Die grob gehackte Vollmilch-Kuvertüre zusammen mit der hellen Fettglasur und die ebenfalls gehackte Halbbitter-Kuvertüre zusammen mit der dunklen Fettglasur in Schüsseln geben und nach Packungsanweisung im warmen Wasserbad schmelzen. Die Zapfen aus Orangenmarzipan an der langen Seite zur Hälfte mit der Vollmilchglasur und die Zapfen aus Chartreuse-Marzipan zur Hälfte mit der Halbbitterglasur bepinseln. Auf Pergamentpapier legen und die Glasur an einem kühlen Ort fest werden lassen.

Marzipanpralinen im Knuspermantel

200 g beste Marzipanrohmasse, 50 g gesiebter Puderzucker,
4 EL Orangenlikör, 60 g gemahlene Pinienkerne, 600 g Vollmilch-Kuvertüre
Außerdem: 375 g Rice Crispies (1 Packung), Pergamentpapier

Marzipan, Puderzucker, Likör und Pinienkerne gut miteinander verkneten. Die Masse ausrollen und in kleine Würfel schneiden. Daraus rasch Kugeln rollen. Kuvertüre nach Packungsanweisung im heißen Wasserbad schmelzen. Mit der Pralinengabel die Kugeln ganz hineintauchen, etwas abtropfen lassen. Rice Crispies in einen Suppenteller geben, die Kugeln mit Hilfe der Gabel darin wälzen. Auf Pergamentpapier im Kühlschrank über Nacht erkalten lassen. Am folgenden Tag die Kuvertüre erneut schmelzen, die Kugeln mit der Gabel wiederum hineintauchen. Auf einem Gitter abtropfen lassen. In Zellophanpapiertütchen verschenken. So lange kühl stellen.

Pistazien-Marzipan-Konfekt

200 g beste Marzipanrohmasse, 50 g gemahlene Pistazien, 100 g gesiebter Puderzucker, 1 EL Rum, 100 g weiße Kuvertüre, 100 g Halbbitter-Kuvertüre
Außerdem: Pralinenkapseln aus Papier

Marzipan, Pistazien, Puderzucker und Rum verkneten. Mit einem Teelöffel kleine Portionen abstechen und mit kühlen Händen daraus ovale Pralinen formen. Die beiden Kuvertüren grob hacken und nach Packungsanweisung getrennt im warmen Wasserbad schmelzen lassen. Das Konfekt mit einer Pralinengabel nur zur Hälfte (diagonal) oder ganz hineintauchen. Halb weiße, halb dunkle Pralinen herstellen. Auf ein Kuchengitter setzen, abtropfen und trocknen lassen. Auf den dunklen Guss mit einem Hölzchen weiße Kuvertüretupfer setzen, auf den hellen Guss dunkle Tupfer. Im Kühlen trocknen lassen und in Pralinenkapseln setzen.

Wiener Mozartkugeln

400 g beste Marzipanrohmasse, 150 g gesiebter Puderzucker, 2–3 EL Rosenwasser (Apotheke), 250 g Nuss-Nougat am Stück, über Nacht in den Kühlschrank gelegt, 250 g Halbbitter-Kuvertüre
Außerdem: Frischhaltefolie, Puderzucker zum Ausrollen, Pergamentpapier, dünnes Stanniolpapier

Marzipan mit Puderzucker und dem tropfenweise zugefügten Rosenwasser verkneten. Der Teig darf nicht feucht werden! Auf ein Arbeitsbrett Frischhaltefolie legen, diese dünn mit Puderzucker bestäuben. Das Marzipan darauf legen und mit einem zweiten Stück Frischhaltefolie bedecken. Auf eine Größe von 25 x 50 Zentimetern ausrollen (etwa 4 Millimeter dick). 50 Quadrate von 5 x 5 Zentimeter Größe schneiden. Den gekühlten Nougatblock mit einem scharfen Messer in 50 gleich große Würfel schneiden. Diese mit kalten Händen zu kleinen Kugeln rollen. Jeweils eine Kugel auf ein Marzipanquadrat setzen. Jede Kugel mit dem Marzipanstückchen ganz umhüllen. Hierbei nicht zu stark drücken! Die Kugeln 4 Stunden im Kühlschrank erkalten lassen. Danach die Kuvertüre grob hacken und nach Packungsanleitung im warmen Wasserbad schmelzen. Ein wenig abkühlen lassen und jede Kugel mit Hilfe einer Tauchspirale hineintauchen und abtropfen lassen. Nach dem Erstarren auf Pergamentpapier die Kugeln einzeln in Stanniolpapier wickeln. Kühl lagern, jedoch nicht im Kühlschrank!

Mokkakonfekt

600 g beste Marzipanrohmasse, 150 g gesiebter Puderzucker, 5 EL Bailey's, 3 EL Instant-Kaffeepulver, 150 g Zucker, 125 g Kürbiskerne, 100 g Cashewkerne, 150 g Vollmilch-Kuvertüre, 150 g weiße Kuvertüre
Außerdem: geschmacksneutrales Öl zum Einpinseln, Alufolie, Pralinenkapseln aus Papier

Marzipan, Puderzucker, Likör und fein geriebenes Kaffeepulver gut miteinander verkneten. Die Masse halbieren. Den Zucker in einer Pfanne bei geringer Hitze schmelzen, bis er goldgelb wird. 75 Gramm Kürbiskerne darin unter Rühren karamellisieren, auf geölte Alufolie geben und erkalten lassen.
75 Gramm Cashewkerne in einer Mandelmühle mahlen und unter die eine Hälfte der Marzipanmasse kneten. Daraus 50 Kugeln rollen. Die karamellisierten Kürbiskerne ebenfalls mahlen und unter die zweite Hälfte der Marzipanmasse kneten. Daraus noch einmal 50 Kugeln formen. Beide Kuvertüren grob hacken und nach Packungsanweisung getrennt im warmen Wasserbad schmelzen lassen. Die restlichen Cashewkerne mit einem spitzen Messer der Länge nach halbieren. Die Cashew-Marzipankugeln in die Vollmilch-Kuvertüre tauchen und abtropfen lassen. Mit den halben Cashewkernen verzieren. Die Kürbis-Marzipankugeln mit der weißen Kuvertüre überziehen und mit den restlichen Kürbiskernen verzieren. In Pralinenkapseln setzen und kühl stellen.

Nougatstangen

200 g Nougat (Fertigprodukt), 200 g beste Marzipanrohmasse, 100 g gesiebter Puderzucker, 1 Eiweiß, Schokoladenstreusel

Nougat in sehr kleine Stücke schneiden und daraus bleistiftdicke, 4 Zentimeter lange Rollen formen. Einige Stunden kalt stellen. Marzipan mit dem überwiegenden Teil des Puderzuckers verkneten und zwischen zwei Lagen Frischhaltefolie auf dem restlichen Puderzucker dünn ausrollen. Kleine Quadrate schneiden und die Nougatstangen darin einrollen. Mit dem leicht verschlagenen Eiweiß bestreichen, die Schokoladenstreusel in einen tiefen Teller geben und die Rollen darin wälzen. Einige Stunden an kühlem Ort trocknen lassen und danach kühl lagern.

Marzipan-Rum-Nüsse

50 g Haselnüsse, 50 ml Rum, 200 g beste Marzipanrohmasse, 100 g gesiebter Puderzucker, 125 g Schokoladenglasur
Außerdem: Frischhaltefolie, Pergamentpapier

Haselnüsse mit einer Nadel ringsum einstechen und 2–3 Tage in einem zugedeckten Gefäß im Rum ziehen lassen. Marzipan, Puderzucker und 1/2 Esslöffel von dem Rum miteinander verkneten. Den Teig zwischen zwei Lagen Frischhaltefolie messerrückendick ausrollen und in Quadrate von 3 x 3 Zentimetern schneiden. Je eine Nuss mit einem Quadrat umhüllen und rund rollen. Schokoladenglasur im warmen Wasserbad verflüssigen, jede Kugel mit Hilfe einer Tauchspirale hineintauchen, abtropfen und auf Pergamentpapier trocknen lassen. Kühl lagern.

Ingwerstäbchen mit Marzipan

200 g beste Marzipanrohmasse, 200 g gesiebter Puderzucker,
1–2 EL Rum, 80 g eingelegter Ingwer
Außerdem: 150 g Schokoladenglasur

Marzipan mit Puderzucker und Rum verkneten. Ingwer sehr fein hacken (in der Moulinette oder einer geruchsfreien Knoblauchpresse) und mit dem Marzipan vermengen. Die Masse in 20–30 Portionen aufteilen, diese zu bleistiftdicken Rollen von 4–5 Zentimeter Länge formen. Schokoladenglasur nach Vorschrift im warmen Wasserbad schmelzen. Die Ingwerstäbchen zur Hälfte hineintauchen. Kühl stellen.

Datteln mit Marzipanfüllung

30 Datteln, 100 g beste Marzipanrohmasse, 100 g gesiebter Puderzucker,
1 EL Rum, 30 Walnusshälften

Datteln der Länge nach einritzen und den Stein entfernen. Marzipan mit Puderzucker und Rum verkneten, in 30 Portionen teilen. Jede Dattel mit etwas Marzipan füllen, wieder ein wenig zusammendrücken. Walnusshälften oben auf die Füllung legen und fest andrücken.

Ananas-Marzipan-Kugeln

*200 g beste Marzipanrohmasse, 75 g gesiebter Puderzucker,
100 g kandierte Ananasstücke, 1 EL weißer Rum, 75 g Halbbitter-Kuvertüre
Außerdem: silberfarbene Zuckerstreusel, 50 Pralinenhülsen aus Stanniol*

Marzipan und Puderzucker, klein geschnittene Ananasstücke und den Rum gut miteinander verkneten. Daraus kleine Kugeln rollen. Kuvertüre grob hacken und nach Packungsanweisung im warmen Wasserbad schmelzen. Mit Hilfe einer Tauchspirale die Marzipankugeln zur Hälfte hineintauchen und abtropfen lassen. Die andere Hälfte nach dem Erkalten der Kuvertüre in den Zuckerstreuseln wälzen. In Stanniolhülsen setzen und kühl lagern.

Aprikosen-Sesam-Kugeln

*200 g getrocknete Aprikosen, 2–3 EL Orangenblütenwasser, 1 EL Honig,
100 g beste Marzipanrohmasse, 1 TL Orangenlikör, 1 Kardamomkapsel
oder 1/2 TL Kardamompulver, 3–4 EL Sesamsaat*

Aprikosen heiß waschen, abtrocknen, klein schneiden und über Nacht in Orangenblütenwasser einweichen. Am nächsten Tag im Mixer pürieren, Honig, Marzipan und Likör dazugeben und alles gut vermischen. Die Kardamomkapsel knacken, den in einem Mörser zerstoßenen Samen oder das Kardamompulver zur Aprikosenmasse geben. Mit einem Teelöffel kleine Mengen abstechen und daraus Kugeln formen. Diese in Sesam wälzen. An einem kühlen Ort trocknen lassen.

Aprikosen-Walnuss-Konfekt

150 g beste Marzipanrohmasse, 3 EL Rum, 4 EL gesiebter Puderzucker, 200 g getrocknete halbierte Aprikosen, 100 g Vollmilch-Kuvertüre
Außerdem: Pergamentpapier, ca. 30 halbierte Walnüsse

Marzipan mit Rum und Puderzucker verkneten. Aprikosen waschen und gut trockentupfen. Etwas von der Marzipanmasse jeweils zwischen zwei Aprikosenhälften streichen und die Früchte zusammendrücken. Die Kuvertüre grob hacken, nach Packungsanweisung im heißen Wasserbad schmelzen und die Aprikosen mit Hilfe einer Pralinengabel ganz hineintauchen. Zum Abtropfen auf ein Kuchengitter setzen, unter das man Pergamentpapier gelegt hat. So lange die Kuvertüre noch nicht fest ist, auf jedes Aprikosenstück eine halbe Walnuss drücken. Über Nacht im Kühlschrank trocknen lassen und in gut schließenden Blechdosen zwischen Lagen von Pergamentpapier verwahren.

Sahnige Trüffel – Verführung für einen Geliebten

Kein Geschenk ist so persönlich wie etwas Selbstgemachtes! Doch gelingt einem dies immer? Peinlich sind verhunzte, selbstgestrickte Socken oder ein proportionsloser Pullover, an dem Sie Stunde für Stunde gesessen und mit jeder Masche viel Liebe und gute Gedanken eingestrickt haben!

In des Maien Blüte verschenkte ich einst hellblau karierte, handgenähte Reisepantoffeln der Schuhgröße 46. Sie sahen entzückend aus und waren mir perfekt gelungen. Und auf jeder Hacke befand sich ein von mir handgestickter Buchstabe *seines* Monogramms. „Oh“, rief eine männererfahrene, mütterliche Freundin entsetzt aus, als ich die Prachtstücke zur Besichtigung freigab, „schenke sie ihm nicht! Er wird dir darauf davonlaufen!“ Doch ich war nicht abergläubisch und dedizierte sie *ihm* unter dem Weihnachtsbaum nebst einem dazugehörigen, ebenfalls handgenähten, blau-weiß karierten Schuhbeutel! Es dauerte nicht eine Woche, da war der Herzallerliebste auf Nimmerwiedersehen entfleucht. Hätte ich ihm doch lieber Whiskey- und Weiße Champagner-Trüffel (Rezepte S. 76/77) als Ausdruck meiner Ästimation verehrt!

Trüffel nach Hausfrauenart

60 g weiche Butter, 60 g Zucker, 2 Eigelb, 20 g gesiebter Kakao,
250 g geriebene Schokolade, 1 EL Rum
Außerdem: gemahlene Mandeln, Nüsse oder Schokolade,
Pralinenkapseln aus Papier

Butter schaumig rühren, Zucker dazugeben und so lange schlagen, bis er sich aufgelöst hat. Eigelbe, Kakao, Schokolade und Rum einarbeiten. Die Masse kalt stellen, bis sie formbar ist. Kleine Kugeln daraus rollen und in Mandeln, Nüssen oder Schokolade wälzen. In die Pralinenkapseln setzen und kühl lagern.

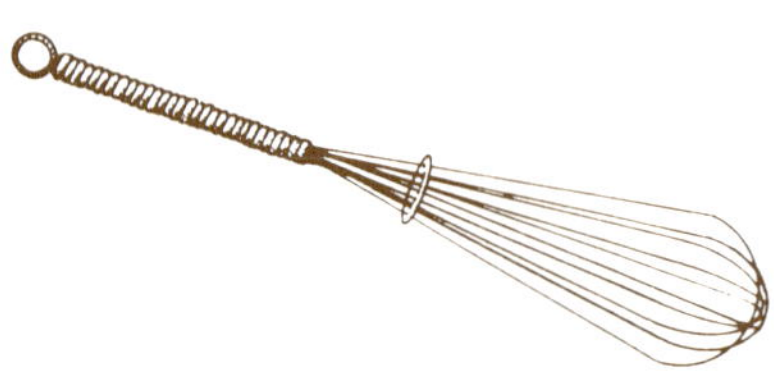

Buttertrüffel

70 g Butter, 150 ml Sahne, 40 g Zucker,
300 g Vollmilch- oder Halbbitter-Kuvertüre
Außerdem: Pergamentpapier, Zucker zum Wälzen

Butter, Sahne und Zucker zusammen bei milder Hitze aufkochen. Kuvertüre grob hacken und in der heißen Flüssigkeit schmelzen lassen. Im Kühlschrank abkühlen, aber nicht erstarren lassen. Wenn die Masse spritzfähig ist, in die Spritztüte mit Lochtülle füllen. Auf ein mit Pergamentpapier belegtes Arbeitsbrett Tupfer spritzen. Diese mit kühlen Händen rasch zu Kugeln rollen und in Zucker wälzen. Im Kühlschrank erstarren lassen.

Sahnetrüffel

100 g Zartbitterschokolade, 125 g Vollmilchschokolade,
1/8 l Sahne, 30 g weiche Butter
Außerdem: Pralinenhülsen aus Stanniol oder Pralinenkapseln aus Papier,
kandierte Veilchen (Fertigprodukt), Zuckerperlen

Beide Schokoladensorten grob hacken. Sahne in einem Topf erhitzen, die Schokolade hinzufügen und unter Rühren auflösen. Die Butter stückchenweise hinzugeben. Den Topf mit der Schokoladenmasse in eine große Schüssel mit Eiswasser stellen. Die Masse so lange schlagen, bis sie kalt und schaumig ist. In eine Spritztüte mit Sterntülle füllen und in Stanniolhülsen oder Papierkapseln tupfen. Mit Veilchen und Zuckerperlen garnieren. Im Kühlschrank aufbewahren.

Vanille-Sahne-Trüffel

200 g Halbbitter-Kuvertüre, 100 ml Sahne, Mark von 1/2 Vanilleschote, 50 g Butter, 75 g Vollmilch-Kuvertüre, 75 g weiße Kuvertüre
Außerdem: 30 Pralinenkapseln aus Stanniol, Pergamentpapier, 50 g Halbbitter-Kuvertüre

Stanniolkapseln auf einen Gitterrost stellen und Pergamentpapier darunter legen. Die Halbbitter-Kuvertüre grob hacken und die Hälfte nach Packungsanweisung im heißen Wasserbad schmelzen, die Kapseln damit füllen. 2 Minuten warten, dann die Kapseln umdrehen, so dass die restliche Kuvertüre auf das Pergamentpapier läuft. Nach weiteren 2 Minuten die Kapseln wieder mit der Öffnung nach oben hinstellen. Für die Füllung die Sahne mit dem Vanillemark kurz aufkochen, Butter hinzugeben und schmelzen lassen. Vollmilch- und weiße Kuvertüre grob hacken, dazugeben und unter Rühren zu einer Creme verarbeiten. Die Masse mit Hilfe einer Spritztüte in die Stanniolkapseln verteilen. 2 Stunden kühl stellen. Die restliche Halbbitter-Kuvertüre im heißen Wasserbad schmelzen und mit einer Pergamenttüte oder der Spritztüte mit kleiner Lochtülle die Trüffel verschließen. Kühl stellen.

Sahnepralinés

1/8 l Sahne, 200 g Halbbitter-Kuvertüre, 1 TL Instantkaffeepulver,
3 EL gesiebter Puderzucker
Außerdem: Pralinenkapseln aus Stanniol, Buntzucker,
gehackte Pistazien oder Mandelstifte

Sahne und Kuvertüre unter ständigem Rühren so lange kochen, bis die Kuvertüre vollständig aufgelöst ist. Pulverkaffee und Puderzucker unterrühren. Die Creme etwas abkühlen lassen und in Stanniolförmchen gießen. Etwas erstarren lassen und auf der noch weichen Oberfläche Buntzucker, gehackte Pistazien oder Mandelstifte arrangieren. Im Kühlschrank lagern!

Mokkatrüffel

6 cl Kaffeelikör (3 Gläschen), 3 TL Espressopulver, 100 ml Sahne,
je 50 g Butter und Kokosfett, 300 g Vollmilch-Kuvertüre,
50 g Halbbitter-Kuvertüre
Außerdem: Frischhaltefolie, Pergamentpapier

Likör, Espressopulver und Sahne erhitzen, aber nicht kochen lassen. Vom Herd nehmen und beide Fettsorten in der Flüssigkeit schmelzen lassen. Vollmilch-Kuvertüre grob hacken und die Hälfte nach Packungsanweisung im heißen Wasserbad schmelzen. Zur Sahnemischung geben und unterrühren. Eine Glas- oder Porzellanform (ca. 20 x 15 Zentimeter) mit Frischhaltefolie auslegen, die Masse hineinfüllen, mit Folie abdecken und über Nacht in den Kühlschrank stellen. Am nächsten Tag die Platte stürzen, Folie abziehen und die Trüffelmasse in Rechtecke von 3 x 1,5 Zentimetern schneiden. Die restliche Vollmilch-Kuvertüre im heißen Wasserbad schmelzen. Die Rechtecke mit einer Pralinengabel einzeln in die heiße Kuvertüre tauchen, abtropfen und auf Pergamentpapier trocknen lassen. Grob gehackte Halbbitter-Kuvertüre im heißen Wasserbad bis zur Spritzfähigkeit schmelzen, eine spitze Pergamenttüte drehen, die Kuvertüre hineinfüllen und die Spitze ein wenig abschneiden. Die Trüffel damit in unregelmäßigen Streifen verzieren. Kühl stellen.

Mokkakugeln

100 g Schokolade, 1 Eigelb, 60 g Zucker, 100 g geriebene Haselnüsse,
1 TL Instant-Kaffeepulver, 1 TL Cognac, 20 g sehr fein gehacktes Orangeat
(z.B. mit der „Moulinette" zerkleinert)
Außerdem: 50 g Hagelzucker

Die Schokolade grob hacken und in einer Schüssel im warmen Wasserbad schmelzen. Mit Eigelb und Zucker verrühren und mit den übrigen Zutaten verkneten. Daraus mit kühlen Händen kleine Kugeln rollen, diese in Hagelzucker wenden und einige Tage zum Trocknen an einen kühlen Ort stellen.

Schokoladen-Tee-Konfekt

100 g gesiebter Puderzucker, 2 Eigelb, 40 g weiche Butter,
300 g Block-Schokolade, 20 g schwarzer Tee, 125 ml kochendes Wasser,
abgeriebene Schale von 1/2 unbehandelten Orange
Außerdem: 50 g gesiebter Kakao

Puderzucker und Eigelbe mit dem Handrührgerät cremig schlagen. Die weiche Butter hinzufügen und alles gut verrühren. Tee mit dem kochenden Wasser aufbrühen, 5 Minuten ziehen lassen und abseihen. Zur Eier-Butter-Zucker-Masse gießen und verrühren. Schokolade grob hacken und in einer Schüssel im heißen Wasserbad schmelzen lassen, mit der Orangenschale zur Masse geben. Alles verrühren, auf ein Blech mit Rand etwa 1 Zentimeter hoch gießen und erstarren lassen. Quadrate von 3 x 3 Zentimetern schneiden und in Kakao wälzen.

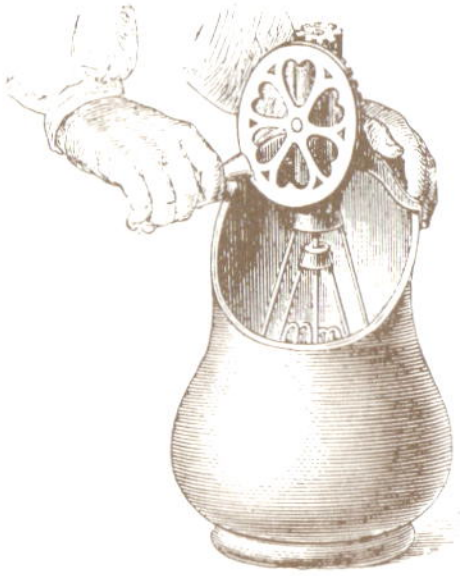

Kaffee-Orangen-Konfekt

80 ml Sahne, 3 TL Instant-Kaffeepulver,
150 g Halbbitter-Kuvertüre, 3 EL Orangenlikör
Außerdem: Pralinenkapseln aus Stanniol,
etwas fein gehacktes Orangeat, einige Mokkabohnen

Die Sahne aufkochen, Kaffeepulver unterrühren und den Topf vom Herd nehmen. Die Kuvertüre grob hacken und in die Flüssigkeit geben, unter Rühren schmelzen. Likör dazugeben, die Masse im Kühlschrank abkühlen lassen. Dann mit dem Handrührgerät aufschlagen, bis sie spritzfähig ist. In eine Spritztüte mit Sterntülle füllen und rosettenförmig in die Stanniolförmchen spritzen. Mit Orangeat und jeweils einer Mokkabohne verzieren.

Tipp

Es gibt den Likör auch in kleinen Mengen in Wein- und Spirituosengeschäften vom Fass. Sie müssen den Rest einer normalen Flasche deshalb nicht austrinken!

Variante

Anstelle von Orangenlikör Mokka- oder Pfefferminzlikör nehmen!

Orangentrüffel

150 g Zartbitterschokolade, 125 g weiche Butter,
125 g gesiebter Puderzucker, 2 cl Cointreau (1 Gläschen), 3 EL Orangenmarmelade
Außerdem: 50 g Puderzucker zum Rollen der Kugeln,
50 g gehackte Mandeln, 50 Pralinenkapseln aus Papier

Die Schokolade grob hacken und in einer Schüssel im heißen Wasserbad schmelzen lassen. In einer zweiten Schüssel Butter und Puderzucker schaumig rühren. Hierzu portionsweise die geschmolzene Schokolade, den Likör und die durch ein Sieb gestrichene Marmelade geben. Alles gut vermengen und die Schüssel mit Folie abdecken. 20 Minuten in den Kühlschrank stellen, bis die Masse fest ist. Die Handflächen in einen tiefen Teller mit Puderzucker drücken. Von der Masse jeweils Portiönchen von 1/2 Teelöffel abstechen und mit den eingepuderten Händen zu Kugeln rollen. Die gehackten Mandeln in einen weiteren tiefen Teller geben und die Kugeln darin wälzen. Jede Kugel in eine Pralinenkapsel setzen und kühl stellen.

Orangen-Nougat-Trüffel

50 g Butter, 400 g Nougat (Fertigprodukt),
fein abgeriebene Schale von 2 unbehandelten Orangen,
6 Tropfen Orangenaroma (Apotheke)
Außerdem: Pergamentpapier, geschmacksneutrales Öl,
400 g Halbbitter-Kuvertüre, fein abgeriebene Schale von 1 weiteren Orange,
etwas Kakaopulver, Pralinenkapseln aus Papier

Die Butter bei milder Hitze erwärmen, abschäumen. Den zimmerwarmen Nougat in Würfel schneiden und zusammen mit der Orangenschale in eine Schüssel geben. Unter ständigem Rühren mit dem Handrührgerät tropfenweise die flüssige Butter und das Orangenaroma einfließen lassen. Dann die Masse für 1/2 Stunde in den Kühlschrank stellen. Bleche oder Platten, die in das Gefrierfach passen, mit Pergamentpapier bedecken und dieses leicht einölen. Die Nougatmasse nochmals kräftig quirlen und in eine Spritztüte mit einer kleinen Lochtülle geben. Tupfer in Walnussgröße nebeneinander auf das Pergamentpapier spritzen und 10 Minuten im Eisfach überfrieren. Die Kuvertüre grob hacken und nach Packungsanweisung im heißen Wasserbad schmelzen. Die kalten Nougattupfer mit einer Pralinengabel durch die warme Kuvertüre ziehen, abtropfen lassen und wieder auf das Pergamentpapier setzen. 12 Stunden kühl stellen. Am nächsten Tag die Schale der letzten Orange auf einen Bogen Pergamentpapier streuen, auf einen weiteren Bogen den Kakao stäuben. Die verbliebene Kuvertüre erneut erwärmen und alle Trüffeln nochmals hindurchziehen. Die Trüffeln je zur Hälfte auf das Pergamentpapier mit Orangenschale bzw. mit Kakao setzen und ein wenig erstarren lassen. Nun die Hälfte der Trüffeln in Kakao und die andere Hälfte in der Orangenschale wälzen. In die Pralinenkapseln setzen und kühl aufbewahren. Haltbarkeit: ca. 1 Woche. Beim Verschenken das Herstellungs- und Verfallsdatum deutlich darauf vermerken!

Zitronenkonfekt

1 unbehandelte Zitrone, 100 g gesiebter Puderzucker, 3 Eigelb, 200 ml Sahne, 300 g Halbbitter-Kuvertüre, 30 g Kokosfett, 2 cl Zitronenlikör
Außerdem: 60 Pralinenkapseln aus Stanniol

Von der gut gewaschenen und abgetrockneten Zitrone die Schale mit einer feinen Reibe abreiben, den Saft auspressen, 3 Esslöffel davon abmessen. Puderzucker und Eigelbe mit dem Handrührgerät cremig schlagen, Zitronenschale hinzugeben. Die Sahne sanft aufkochen lassen und vom Herd nehmen. Die Kuvertüre grob hacken, zu der Sahne geben und rühren, bis sie geschmolzen ist. Etwas abkühlen lassen und esslöffelweise unter die Eiercreme ziehen. Kokosfett lauwarm schmelzen lassen. Zusammen mit Zitronensaft und -likör zur Pralinenmasse geben. Vorsichtig vermischen. Etwas abkühlen lassen, dann für 1 Stunde in den Kühlschrank stellen. Danach die Masse mit dem Handrührgerät kräftig aufschlagen, in eine Spritztüte mit Lochtülle füllen und als dicke Tupfer in die Stanniolkapseln spritzen. Kühl aufbewahren und genießen. Haltbarkeit: 1 Woche.

Kokoskonfekt

40 g Kokosraspel, 4 EL Sahne, 200 g weiße Schokolade,
15 g Kokosfett, 2 EL weißer Rum, 1 EL heißes Wasser
Außerdem: Pralinenkapseln aus Papier

Kokosraspel in einer Teflonpfanne ohne Fett goldbraun rösten und abkühlen lassen. Sahne aufkochen, vom Herd nehmen. Die grob gehackte Schokolade zusammen mit dem Kokosfett in der heißen Sahne schmelzen lassen. Rum etwas erwärmen und zusammen mit dem heißen Wasser in die Schoko-Sahne geben. Von den Kokosraspeln 1 Teelöffel beiseite stellen, den Rest ebenfalls in die Schokoladenmasse rühren. Abkühlen lassen, bis die Masse spritzbar ist. Mit der Spritztüte (kleine Sterntülle) in die Pralinenkapseln spritzen und mit den restlichen Kokosraspeln garnieren. Kühl stellen.

Tipp

Sollten die Tupfer zwischendurch zu warm werden, immer wieder in den Kühlschrank stellen. Kühle Hände erhält man, indem man sie immer wieder an Eiswürfeln abreibt und rasch abtrocknet.

Variante

Die Masse kann mit Zimtpulver und einem Schuss Rum variiert werden.

Rumtrüffel mit vielerlei Gesicht

100 g Crème fraîche, 200 g Zartbitterschokolade,
100 g Vollmilchschokolade, 2 EL Rum,
Außerdem: Pralinenkapseln aus Stanniol und Papier,
kandierte Veilchen (Fertigprodukt), einige Mandelblättchen,
gehackte grüne Pistazien, zerbröckelte Borkenschokolade oder Schokoladenraspel
(mit einem Sparschäler von Schokoladenstücken abgehobelt)

Crème fraîche in einem Töpfchen erhitzen, aber nicht kochen lassen. Vom Herd nehmen und die gesamte zerbröckelte Schokolade hineingeben, auflösen und rühren, bis die Masse glatt ist. Bei Zimmertemperatur abkühlen lassen und den Rum hinzufügen. Die Hälfte der Masse im Kühlschrank erstarren lassen. Die andere Hälfte in die Stanniolförmchen gießen und halbfest werden lassen. Diese mit Veilchen verzieren. Aus der erstarrten Masse mit einem Teelöffel gleichgroße Mengen abstechen und rasch nussgroße Kugeln daraus rollen. Diese in Mandelblättchen, Pistazien und Schokoladenraspeln drehen. In die Papierkapseln setzen.

Varianten

Anstelle von dunkler Schokolade 300 Gramm weiße Kuvertüre nehmen. In Stanniolförmchen einige in Rum getränkte Rosinen oder gehackte Haselnüsse geben. Die flüssige Masse auf Zimmertemperatur herunterkühlen und über die Rosinen oder Nüsse gießen. Nun wie oben garnieren und im Kühlschrank aufbewahren.
In die warme Trüffelmasse 2 Esslöffel Instant-Kaffeepulver rühren, 2 Esslöffel Cognac oder Kaffeelikör hinzufügen. Die Masse im Kühlschrank erstarren lassen. Wie oben beschrieben daraus rasch Kugeln rollen und diese in Kakao wälzen.
Achtung: Alle diese Trüffeln erst kurz vor dem Verschenken zubereiten, da sie sich nur 3–4 Tage im Kühlschrank halten, es sei denn, man friert sie ein.

Weiße Champagnertrüffel

50 g weiche Butter, 50 g gesiebter Puderzucker, 350 g weiße Kuvertüre, 3 EL Champagner, 1 EL Zitronensaft
Außerdem: Pergamentpapier, Zucker zum Wälzen

Butter und Puderzucker mit dem Handrührgerät schaumig schlagen. 100 Gramm von der Kuvertüre abmessen, grob hacken und nach Packungsanweisung im heißen Wasserbad schmelzen. Unter ständigem Rühren zu der Butter-Zucker-Masse geben. Champagner und Zitronensaft ebenfalls einarbeiten. So lange rühren, bis die Masse halbfest und spritzfähig ist. Dann portionsweise in eine Spritztüte mit kleiner Sterntülle geben. Tupfer auf ein mit Pergamentpapier belegtes großes Brett oder eine Platte spritzen. Im Kühlschrank erstarren lassen. Für die Glasur die restliche Kuvertüre grob hacken und in einer Schüssel im heißen Wasserbad schmelzen lassen. Abkühlen, jedoch nicht erstarren lassen. Mit einer Pralinengabel oder auch einer dünnen Stricknadel die Trüffeln in die flüssige Kuvertüre tauchen und abtropfen lassen. Dann in Zucker wälzen. Erkalten lassen. In geschlossener Dose im Kühlschrank aufbewahren. Haltbarkeit: maximal zwei Wochen.

Variante

Sie können Cognac- oder Brandytrüffel herstellen, indem Sie statt des Champagners den entsprechenden Weinbrand verwenden.

Whiskey-Trüffel

1/8 l Sahne, 700 g Halbbitter-Kuvertüre, 50 g Kokosfett, 6 EL Bourbon-Whiskey, Außerdem: Pergamentpapier, 200 g Schokoladenraspel

Sahne aufkochen, 300 Gramm Kuvertüre grob hacken und mit dem Kokosfett darin auflösen. Die Masse erkalten lassen und den Whiskey nach und nach unterschlagen, bis die Trüffelmasse schaumig-cremig ist. Platten oder Bleche mit Pergamentpapier belegen. Die Masse in eine Spritztüte mit Sterntülle füllen und Tupfer auf das Papier spritzen. Gut auskühlen lassen. Die restliche Kuvertüre grob hacken. Nach Packungsanweisung im heißen Wasserbad schmelzen lassen. Mit einer Pralinengabel jede Trüffel einzeln hineintauchen, abtropfen lassen und in Schokoladenraspeln wälzen. Wieder auf das Pergamentpapier setzen und im Kühlschrank kalt stellen.

Nuss- und Mandelkonfekt – kernig-süß für Groß und Klein

Wenn Sie meinen, Sie müssten Ihren Freundinnen und Freunden oder dem naschhaften, aber immer liebenswürdigen und hilfsbereiten Kollegen etwas Gutes tun, dann ist Weihnachten eine willkommene Gelegenheit. Vergessen Sie Bücher, wenn Sie den Geschmack des zu Beschenkenden nicht kennen! Auch mit Toilettenartikeln kann man sich böse in die Nesseln setzen. Oder wollen Sie etwa Ihrer besten, aber ein wenig angeknautschten Freundin eine Anti-Falten-Creme verehren? Oder dem männlichen Schreibtischgegenüber, dessen Rasierwasser Sie partout nicht riechen können, ein neues Aftershave? Fabrizieren Sie lieber an einem langen, langweiligen Wochenende Pralinen! Es werden so viele werden, dass Sie auch noch Beinahe-Schwiegermütter, potentielle Erbtanten, chevalereske Großonkel und kameradschaftliche kleine Brüder damit versorgen können. Alle werden entzückt sein und die kleinen „Versucherle" trotz pflichtschuldiger und figurbewusster Proteste alsbald verspeist haben. Denn Pralinen sind wie junger Wein. Man darf sie nicht zu lange stehen lassen. Und alle werden erleichtert sein, ein unnützes, wenn auch gutgemeintes Geschenk weniger erhalten zu haben. Bei erwachsenen Bedachten dürfen die süßen Verführer gerne ein wenig alkoholisiert sein. Bei Kindern müssen Sie natürlich konsequent auf eine promillefreie Masse achten. Gesund und ballaststoffreich sind Pralinen aus Nüssen und Mandeln, mit und ohne Rosinen. Zwei oder drei davon ersetzen fast eine kleine Mahlzeit. Versuchen Sie es!

Mandel-Honig-Krokant

30 g Butter, 50 g gesiebter Puderzucker, 50 g Orangenhonig,
50 g gehackte Walnüsse, 50 g Mandelstifte, 50 g Halbbitter-Kuvertüre
Außerdem: Pergamentpapier, rote und grüne Belegkirschen zum Verzieren

Butter in einem Topf schmelzen, aber nicht bräunen lassen, Zucker und Honig dazugeben und schmelzen lassen. Walnüsse und Mandeln hinzufügen und etwas anbräunen. Mit einem Teelöffel kleine Häufchen auf Pergamentpapier setzen. Im Kühlschrank erkalten lassen. Kuvertüre nach Vorschrift im Wasserbad schmelzen. Je einen Klacks auf die Nusshäufchen setzen und sofort mit den gehackten Belegkirschen verzieren. Kühl lagern.

Sesamkrokant

2 EL Butter, 200 g flüssiger Honig, je 1/2 TL echter Vanillezucker und Zimtpuder,
150 g ungeschälte Sesamsaat (Reformhaus)
Außerdem: Pergamentpapier, etwas Butter zum Einpinseln

Butter erwärmen, Honig und Gewürze hinzufügen; 3–4 Minuten unter ständigem Rühren sprudelnd kochen lassen, bis die Masse cremig ist. Sesamsaat hineingeben und unter Rühren 3–4 Minuten karamellisieren lassen. Die Hitze reduzieren und weiterrühren, bis alles rötlich braun ist (2–3 Minuten). Den Topf vom Herd nehmen. Die Masse rühren, bis sie keinen Schaum mehr hat. Ein großes Stück Pergamentpapier einbuttern. Den Krokant 1/2 Zentimeter dick darauf streichen und 1 Stunde abkühlen lassen. Dann mit Pergamentpapier belegen und in ca. 40 etwa gleich große Stücke brechen.

Sesam-Mandel-Konfekt

200 g Sesam, 200 g Zucker, 200 g Honig, gut 1/8 l heißes Wasser, Mark von 1/2 Vanilleschote, 1/2 TL Zimtpulver, 100 g gemahlene Mandeln Außerdem: 2 Eiswürfelschalen aus Metall ohne Einsätze, Öl zum Einfetten, Pergamentpapier

Sesam in einer Teflonpfanne ohne Fett goldgelb rösten. Zucker, Honig, Wasser und Gewürze in einem Topf unter ständigem Rühren bei milder Hitze zu einem dicken Sirup einkochen lassen. Vom Herd nehmen. Mandeln und Sesam hineingeben und bei sanfter Hitze so lange rühren, bis sich alles zu einer glatten Masse verbunden hat. Die beiden Eiswürfelschalen sorgfältig, aber dünn mit Öl auspinseln. Die Sesam-Mandel-Masse hineingeben, glatt streichen. Im Gefrierfach erstarren lassen. Dann die beiden Blöcke auf ein Arbeitsbrett stürzen und mit einem immer wieder in kochendes Wasser getauchten scharfen Messer in nicht zu große Rauten schneiden. Auf Pergament bei Zimmertemperatur 24 Stunden trocknen lassen. In Blechdosen aufbewahren, Pergament zwischen die einzelnen Schichten legen.

Variante

Anstelle der Mandeln kann man auch Pinienkerne oder Walnüsse nehmen.

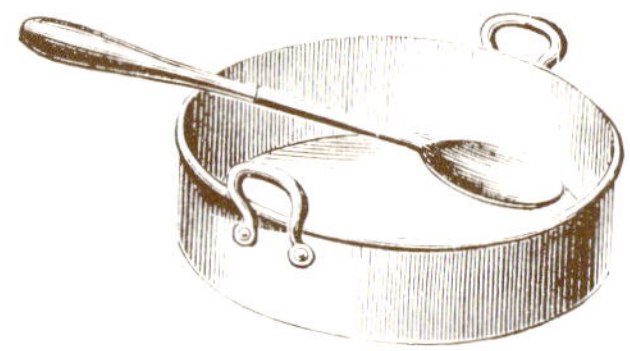

Früchtekrokant

100 g beste Marzipanrohmasse, 100 g gehackte Haselnüsse,
150 g geschälte Mandeln, 100 g gehackte Pistazien,
100 g fein gehacktes Orangeat, 200 g fein gehacktes Zitronat, 120 g Butter,
320 g Zucker, 120 g flüssiger Honig, 1 Prise Salz, 100 g Halbbitter-Kuvertüre
Außerdem: Pergamentpapier

Das Marzipan würfeln und mit den gehackten Nüssen, Mandeln und Pistazien sowie dem Orangeat und Zitronat vermischen. Die Butter in einem Topf schmelzen und den Zucker darin goldgelb karamellisieren. Honig und Salz hinzufügen und alles bei geringer Hitze 5 Minuten einkochen lassen. Die Marzipanmischung hinzufügen und weitere 5 Minuten köcheln lassen. Die Masse auf ein mit Pergamentpapier ausgelegtes Blech gießen und so weit abkühlen lassen, dass man daraus mit einem Spachtel eine 1 1/2 Zentimeter dicke Platte von ca. 22 x 25 Zentimetern streichen kann. Nun den Krokant ganz abkühlen lassen. Die Kuvertüre grob hacken und nach Packungsanleitung im heißen Wasserbad schmelzen, dann dünn auf die Krokantplatte pinseln. In den Kühlschrank stellen. Am nächsten Tag den Krokant auf ein Brett stürzen und das Papier abziehen. Mit einem sehr kräftigen Messer Quadrate von 4 x 4 Zentimetern schneiden. In Blechdosen zwischen Lagen von Pergamentpapier aufbewahren. Hält sich im Kühlschrank zwischen 2–3 Wochen.

Tipp

Dieses unwiderstehliche Konfekt ist bissfest, aber nicht zu hart!

Rosinen-Mandel-Pralinen

100 g Rosinen, 4 EL Rum, 200 g geschälte und halbierte Mandeln,
75 g Halbbitter-Kuvertüre, 75 g Vollmilch-Kuvertüre
Außerdem: Pergamentpapier

Die Rosinen waschen, trockentupfen, über Nacht zugedeckt in dem Rum ziehen und abtropfen lassen. Mandeln in einer Teflonpfanne goldgelb rösten und abkühlen lassen, mit den Rosinen mischen und die Menge in 2 Hälften teilen. Die Kuvertüren getrennt nach Packungsanweisung schmelzen. Jeweils mit einer Hälfte Mandel-Rosinen-Mischung vermengen. Mit einem großen Teelöffel in kleinen Häufchen auf Pergamentpapier setzen und trocknen lassen. Kühl stellen.

Rosinen-Walnuss-Kirsch-Pralinen

100 g Rosinen, 100 g kandierte Kirschen, 2 cl Kirschwasser (1 Gläschen), 50 g Walnusskerne, 170 g gesiebter Puderzucker, 50 g Vollmilchschokolade, 100 g Zartbitterschokolade
Außerdem: Puderzucker zum Wälzen, Frischhaltefolie

Rosinen in heißem Wasser waschen, abtropfen lassen und trockentupfen. Zusammen mit den Kirschen grob hacken. In eine Schüssel geben, das Kirschwasser darüber gießen und zugedeckt 20 Minuten ziehen lassen. Walnusskerne grob hacken und nebst 50 Gramm Puderzucker zu der Rosinen-Kirsch-Mischung geben. Schokolade grob hacken, beide Sorten zusammen in einer Schüssel im heißen Wasserbad schmelzen lassen und esslöffelweise unter die Nuss-Kirsch-Masse mischen. Schüssel abdecken und 20 Minuten in den Kühlschrank stellen. Den übrigen Puderzucker in einem Häufchen auf ein Arbeitsbrett geben. Die Handflächen hineindrücken. Mit einem Teelöffel jeweils etwas von der Pralinenmasse abstechen und mit den bezuckerten Händen zu Kugeln von 2 Zentimeter Durchmesser rollen. In Puderzucker wälzen und auf einem mit Frischhaltefolie bezogenen Arbeitsbrett in einem warmen Raum 12 Stunden trocknen. Kühl lagern!

Mandelsplitter

25 g Kokosfett, 75 g Schokoladenraspel, 100 g Mandelstifte, 1 Päckchen Vanillezucker
Außerdem: Alufolie oder Pergamentpapier, Pralinenkapseln aus Papier

Kokosfett mit den Schokoladenraspeln sanft auf kleiner Flamme in einem Topf schmelzen. In einer Teflonpfanne ohne Fett Mandelstifte mit Vanillezucker goldgelb rösten, unter die Schokomasse rühren. Ein wenig abkühlen lassen. Mit einem Teelöffel runde Häufchen auf Alufolie oder Pergamentpapier setzen. Einige Stunden kühl stellen, dann in die Pralinenkapseln setzen.

Mandelsplitter II

300 g Mandelstifte, 1 EL Butter, 3 EL Rum,
200 g Vollmilch-Kuvertüre, 1 Schuss Kirschwasser
Außerdem: etwas Öl, Alufolie

Die Mandeln mit der Butter in einer Pfanne leicht bräunen und die Masse mit Rum ablöschen. Kuvertüre grob hacken und nach Packungsanweisung im heißen Wasserbad schmelzen lassen. Mit dem Kirschwasser und den Mandeln vermischen und etwas erkalten lassen, so dass man mit dem Teelöffel kleine Portionen abstechen kann. Diese auf geölte Alufolie setzen. In einem sehr warmen Raum ca. 24 Stunden trocknen lassen.

Tipp

Diese wohlschmeckenden Mandelsplitter sind einfach und schnell zuzubereiten und halten sich in gut schließenden Blechdosen dann mehrere Wochen!

Weiße Mandelsplitter

300 g weiße Kuvertüre, 200 g Mandelstifte
Außerdem: Pergamentpapier

Kuvertüre grob hacken und nach Packungsanweisung im warmen Wasserbad schmelzen. Vom Herd nehmen, unter Rühren etwas abkühlen lassen, die Mandelstifte unterheben. Mit einem Teelöffel kleine Häufchen von der Masse abstechen und nicht zu dicht auf Pergamentpapier setzen. Im Kühlschrank erstarren lassen.

Tipp

Auf die gleiche Weise können Sie natürlich auch Mandelsplitter mit Halbbitter- oder Vollmilch-Kuvertüre herstellen.

Variante

2 Esslöffel Cointreau unter die Masse mischen.

Spanischer Mandelnougat (Turrón)

400 g Zucker, das Mark von 1 Vanilleschote,
fein abgeriebene Schale von 1 unbehandelten Zitrone,
500 g gemahlene Mandeln, 4–6 Eigelb
Außerdem: 1 große Oblate, 1 Aluform von 12 x 20 cm,
gesiebter Puderzucker zum Bestäuben

Den Zucker in einen Topf geben und knapp mit kaltem Wasser bedecken. Langsam erhitzen und unter ständigem Rühren ca. 20 Minuten köcheln lassen, bis sich kleine Perlen bilden und ein Sirup entsteht. Vanillemark, Zitronenschale und Mandeln dazugeben und unter weiterem Rühren aufkochen. Nun den Topf mit der Mandelmasse in ein sehr heißes Wasserbad stellen. Zunächst 4 Eigelbe verquirlen und unter die Masse heben. Wird sie sehr fest, 1–2 weitere verquirlte Eigelbe zufügen.
Die Oblate auf die Größe der Aluform zuschneiden und hineinlegen. Die heiße, zähe Nougatmasse darauf geben und 1–2 Tage kühl stellen. Den Nougat aus der Form nehmen, mit Puderzucker bestäuben und in fingerdicke Streifen schneiden.

Tipp

Turrón schmeckt auch zu spanischem Rotwein!

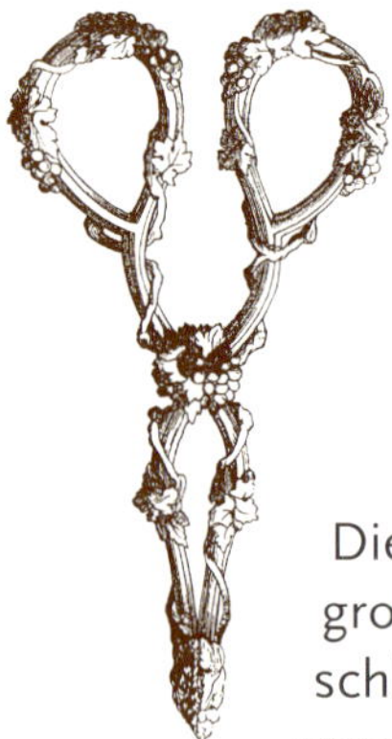

Türkischer Nougat

400 g Walnusskerne, 1/8 l Honig, 4 Eier, 375 g Zucker
Außerdem: rechteckige Oblaten

Die Hälfte der Walnüsse in einer Mandelmühle mahlen. Die andere Hälfte grob hacken. Den Honig sanft aufkochen. Die Eier trennen, Eiweiße steif schlagen, Zucker und Eigelbe hinzufügen und zu einer cremigen Masse verarbeiten. Diese unter ständigem Rühren mit den Nüssen zum Honig geben. Wenn die Masse so dick ist, dass sie gerade eben noch streichfähig ist, fingerdick auf die Oblaten streichen. Jeweils mit einer zweiten Oblate bedecken, mit Büchern beschweren und 2–3 Tage in einem kühlen Raum trocknen lassen. Dann mit einem scharfen Messer in Würfel oder Rauten schneiden. Kühl lagern.

Türkisches Konfekt

30 g Gelatine, 500 g Zucker, fein geriebene Schale von 1 unbehandelten Orange, 1 EL Rum, etwas rote Speisefarbe, 200 g grob gehackte Haselnüsse oder Mandeln, etwas grober Zucker

Die Gelatine in Wasser nach Vorschrift 10 Minuten quellen lassen und ausdrücken. 1/2 Tasse Wasser aufkochen, den Zucker hineingeben und auflösen. Die Gelatine hinzufügen, Hitze reduzieren und die Masse 20 Minuten köcheln lassen. Vom Herd nehmen und die restlichen Zutaten untermischen. Eine Kastenform mit kaltem Wasser ausspülen, die Masse hineinfüllen und im Kühlschrank erstarren lassen. Dann stürzen, mit einem scharfen Messer in Würfel schneiden und in grobem Zucker wälzen.

Knusper-Pecans

60 Pecannuss-Hälften, 50 g weiße Schokolade, 25 g Butter, 30 g Honig, 100 g gemahlene Pecannüsse, 100 g gesiebter Puderzucker, 1–2 EL Zitronensaft Außerdem: Zahnstocher, Äpfel oder ein halber Kohlkopf zum Aufspießen

Jeweils 2 Pecannusshälften zu einem Paar zurechtlegen. Schokolade grob hacken und in einer Schüssel im heißen Wasserbad schmelzen. Mit Butter und Honig verrühren, bis dieser geschmolzen ist, die gemahlenen Nüsse hinzufügen. Die Masse bis zur Streichfähigkeit abkühlen lassen. Jeweils zwei Nusshälften mit etwas Masse bestreichen und zusammenfügen. Puderzucker mit Zitronensaft zu einer dicken Glasur verrühren. Nusspaare auf Zahnstocher spießen und an den Enden etwas in die Glasur tauchen. Zum Trocknen auf Äpfel oder einen Kohlkopf stecken. Danach die Zahnstocher entfernen.

Fruchtkonfekt – gesund und lecker verwöhnen

Eigentlich hat man immer ein winziges schlechtes Gewissen, wenn man Pralinen nascht. Denn sie schaden der Figur, sind nicht gut für den Teint, entsprechen nicht dem, was man sich unter „Vollwertkost" vorstellt, und sind, wenn in bester Qualität fertig gekauft, sündhaft teuer. Von Skrupeln sollten Sie sich aber wirklich befreien, da Sie die kleinen Verführer ja nur in kleinen Mengen genießen! Wem aber der Gang ins Reformhaus sowieso eine Selbstverständlichkeit ist und wem daran liegt, sich mit gesunden Süßigkeiten zu verwöhnen, der bereite die wonnigen Himmelsgaben doch mit viel Obstigem und Fruchtigem zu! Zufriedene Mienen werden es danken! Und das schlechte Gewissen ist nicht mehr ganz so groß!

Dattelkonfekt

3 Eiweiß, 200 g Zucker, 140 g Mandelstifte, 140 g fein geschnittene Datteln
Außerdem: Fett für das Backblech, 6–8 große rechteckige oder kleine runde Backoblaten

Eiweiße mit Zucker zu sehr steifem Schnee schlagen. Mandeln und Datteln behutsam unterheben. Das Backblech einfetten, mit rechteckigen Oblaten belegen und darauf die Masse fingerdick verteilen. Oder den Teig teelöffelweise auf kleine runde Oblaten streichen. Bei 150–175 °C auf mittlerer Schiene 15 Minuten backen. Die Masse auf den eckigen Oblaten noch warm in fingerdicke Stangen schneiden. Das Konfekt auskühlen lassen. Erkaltet in Dosen füllen. Bleibt lange weich und saftig!

Tipp

Dattelkonfekt ist fein aromatisch und sehr lange haltbar.

Dattelkonfekt mit Cornflakes

20 g Cornflakes, 250 g entsteinte Datteln, 60 g Walnusskerne, 2 EL Honig,
15 g weiche Butter, 1 EL Zitronensaft, gesiebter Puderzucker zum Wälzen,
halbierte Walnüsse für jedes Stück Konfekt

Cornflakes, Datteln und Walnüsse durch den Fleischwolf drehen oder im Mixer zerkleinern. Honig, Butter und Zitronensaft dazugeben. Alles gut verkneten. Aus der Masse kleine Kugeln formen und in Puderzucker wälzen. Auf jede Kugel eine halbe Walnuss setzen und fest andrücken. Das Konfekt zum Trocknen für einige Tage an einen luftigen und trockenen Ort stellen.

Apfelbrot

*1 kg Äpfel, 500 g Zucker, 1 Päckchen Vanillezucker,
grober Zucker zum Wälzen*

Die Äpfel schälen, entkernen und fein reiben. Den Apfelbrei mit Zucker und Vanillezucker aufkochen, bis er fest wird. Häufig umrühren, um Anbrennen zu vermeiden! Die Masse 2 Zentimeter dick auf ein zuvor mit kaltem Wasser angefeuchtetes, flaches emailliertes Blech streichen und im warmen Ofen trocknen lassen. Auf ein Brett stürzen, umgedreht wieder auf das Blech legen und auch auf der anderen Seite gut trocknen lassen. Ist die Masse vollständig trocken, in kleine Rauten schneiden und in grobem Zucker wälzen. Kühl und trocken lagern. Hält sich fast unbegrenzt!

Weihnachts-Früchtebrot

150 g gemahlene Mandeln, 150 g Zucker, 250 g Halbbitter-Kuvertüre, 100 g gemischtes Trockenobst, 1 TL Zimtpulver, 1/2 TL Piment, 2 TL Ingwerpulver, 75 g gehackte Mandeln, 4 EL geschlagene Sahne Außerdem: gesiebter Puderzucker zum Wälzen, Pergamentpapier

Gemahlene Mandeln und Zucker in einer Schüssel vermischen. Kuvertüre grob hacken und nach Packungsanweisung im warmen Wasserbad schmelzen. Mandel-Zucker-Mischung sowie fein gehacktes Trockenobst und Gewürze mit der Kuvertüre vermischen. Die gehackten Mandeln und die Schlagsahne dazugeben. Aus der Masse auf einem mit Puderzucker bestäubten Brett 2 Rollen von 30 Zentimeter Länge formen. Diese stramm in Pergamentpapier rollen und 2 Tage in den Kühlschrank legen. Vor dem Servieren aus dem Papier nehmen, in Puderzucker wenden und zum Verschenken in Zellophanpapier mit kleinen Schleifchen verpacken. Gekühlt etwa 10 Tage haltbar.

Nougat-Aprikosen

20 große, fleischige getrocknete Aprikosen,
150 g Nuss-Nougat (Fertigprodukt), 200 g Zucker
Außerdem: Zahnstocher, Pergamentpapier

Die Aprikosen waschen und von außen gut abtupfen. Die Hälfte der Früchte auf der Innenseite mit passend geschnittenen Nougatscheibchen belegen. Die anderen Früchte jeweils darauf drücken. Die gefüllten doppelten Aprikosen auf Zahnstocher spießen. Zucker in einer Teflonpfanne sanft erhitzen, bis er karamellisiert. Er darf nicht zu braun und damit bitter werden! Die gefüllten Früchte hineintauchen und auf Pergamentpapier trocknen lassen, Zahnstocher entfernen.

Aprikosenkonfekt mit Rum

150 g fleischige getrocknete Aprikosen, 150 g Kokosraspel,
50 g Puderzucker, 2 cl weißer Rum (1 Gläschen)
Außerdem: Kokosraspel zum Rollen und Wälzen, Pergamentpapier

Aprikosen waschen und trockentupfen. Dann durch den Fleischwolf drehen (feine Scheibe) oder im Mixer zerkleinern. Mit Kokosraspeln, Puderzucker und Rum vermischen, zugedeckt 20 Minuten kühl stellen. Die Handflächen leicht feucht in Kokosraspel drücken und Kugeln aus der Aprikosenmasse formen (2 Zentimeter Durchmesser). Kokosraspel in eine Schüssel geben, die Kugeln gut darin wälzen und die Raspel andrücken. Kugeln auf Pergamentpapier trocknen lassen, kühl stellen.

Quittenbrot von Großmama

1 kg Quitten (im Herbst geerntet), 300 g Honig, 400 g Zucker,
fein abgeriebene Schale von 1 unbehandelten Zitrone und Orange,
1/2 TL Zimtpulver, 1 Prise Nelkenpulver
Außerdem: Pergamentpapier, Öl zum Bestreichen, grober Zucker

Quitten gründlich waschen, vierteln, von Blüten- und Stielansätzen befreien, mit 150 Millilitern Wasser in einen Dampfdrucktopf geben und 20 Minuten nach Vorschrift kochen lassen. Oder einen großen Topf drei Finger hoch mit Wasser füllen und die Quittenviertel in mindestens 1/2 Stunde butterweich kochen. Die Früchte durch ein Sieb passieren.
Honig und Zucker in einem hohen Topf bei milder Hitze verflüssigen lassen, das Quittenmus, die Zitrusschalen und die Gewürze dazugeben. Bei sanfter Hitze unter ständigem Rühren dick einkochen. Die Fettpfanne des Backofens mit Pergamentpapier belegen und dünn mit Öl bepinseln. Das Quittenmus etwa 1,5 Zentimeter dick darauf streichen und über Nacht an kühlem Ort trocknen lassen. Am nächsten Tag im Backofen bei 160 °C auf mittlerer Schiene trocknen lassen, bis die Masse nicht mehr feucht ist (etwa nach 3 Stunden, Backofentür gelegentlich öffnen!). Dabei die Platte nach der Hälfte der Zeit einmal wenden. Das Quittenbrot in kleine Rauten schneiden und in grobem Zucker wälzen. In Blechdosen zwischen Pergamentpapier aufbewahren. Hält sich bis zu 3 Monaten und ist himmlisch altmodisch!

Variante

Man kann noch fein gehacktes Orangeat, Zitronat oder Mandelstückchen unter die Quittenmasse mischen. Auch kann man die Masse mit derselben Menge gehobelter Mandeln vermengen und kleine Kugeln daraus rollen. Diese können noch in flüssige Schokoladen-Kuvertüre getaucht werden. Doch dann ist das Konfekt nur etwa 4 Wochen haltbar.

Quittenbrot, meine Façon

1 kg reife Apfel- oder Birnenquitten (gibt es im Herbst auch auf dem Wochenmarkt), 600–700 g Zucker
Außerdem: Pergamentpapier, grober Zucker zum Wälzen

Die Quitten gut waschen, vierteln, von Blüten- und Stielansätzen befreien und in wenig Wasser ganz weich kochen, durch ein feines Sieb streichen. Das Püree wiegen und mit der gleichen Menge Zucker bei milder Hitze unter ständigem Rühren zu einem dicken Brei einkochen. Dann in flache, mit kaltem Wasser ausgegossene Schalen oder tiefe Platten füllen, glatt streichen, mit Pergamentpapier bedecken und 3–4 Tage an einem warmen Ort trocknen lassen. Hierbei einmal wenden. Mit Förmchen Motive ausstechen, in grobem Zucker wälzen und in Blechdosen zwischen Pergamentpapier aufbewahren. Schlicht und köstlich!

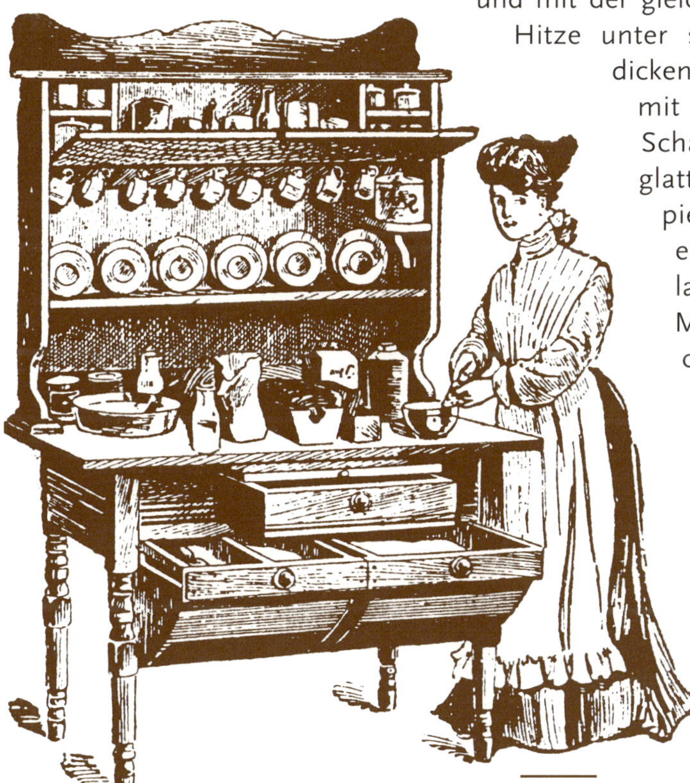

Variante

Das Quittenmus kann auch nach Belieben mit Zimt, Nelkenpulver, Koriander oder Ingwer gewürzt werden.

Quittenkonfekt nach Großtante Aurelie

250 g Quittenkonfitüre, 50 g fein geschnittenes Orangeat,
50 g gehackte Mandeln
Außerdem: Öl zum Einpinseln, Kuvertüre nach Belieben

Die Quittenkonfitüre in einem Topf dick einkochen. Orangeat und Mandeln darunter mischen und die Masse auf eingeölte Porzellanplatten streichen. Einige Tage an einem warmen Ort trocknen lassen. Danach in beliebige Formen schneiden und mit nach Packungsanweisung geschmolzener Kuvertüre überziehen.

Hagebuttenkugeln

2 EL Hagebuttenkonfitüre (Reformhaus),
fein abgeriebene Schale von 1 unbehandelten Orange,
200 g gemahlene Mandeln oder Haselnüsse, 150 g Vollmilch-Kuvertüre
Außerdem: 3 EL gemahlene Mandeln oder Haselnusskerne, Buntzucker oder Schokoladenstreusel, 35 Pralinenkapseln aus Papier

Die Konfitüre mit der Orangenschale und den gemahlenen Mandeln oder Haselnüssen in einer Schüssel gut vermischen. Gleichmäßige kleine Kugeln daraus rollen. Kuvertüre grob hacken und nach Packungsanweisung im heißen Wasserbad schmelzen. Die Kugeln mit einer Tauchspirale in die warme Kuvertüre tauchen und abtropfen lassen. Die gemahlenen Mandeln oder Nüsse, Buntzucker oder Schokoladenstreusel in einen tiefen Teller geben und die Kugeln, so lange die Kuvertüre noch nicht fest ist, darin wälzen. Auf einem Kuchengitter trocknen lassen. Das Konfekt in die Pralinenkapseln setzen. Luftdicht verschlossen in Blechdosen kühl und trocken aufbewahren. Hält sich wochenlang!

Rahmbonbons – ein Kuchenblech voller Seelentröster

Ende Januar 1945 war es, in einem späten, lang anhaltenden ostdeutschen Winter. Meterhoch lag der Schnee und wollte nicht weichen. Da machte sich meine Schwiegermutter endlich mit ihrem kleinen fünfjährigen Sohn von Heiligenbeil (Ostpreußen) aus auf den Weg in den Westen, zu Fuß, per Fischerboot, im LKW und – wenn sie Glück hatte – auch ein Stück mit der Eisenbahn. Als sie in der Nacht des Aufbruchs den Haustürschlüssel in der Eingangstür umdrehte, hörte man die russischen Geschütze in einer Entfernung von neunzehn Kilometern dröhnen. Sie hoffte auf eine Rückkehr und meinte, ihr elegantes Haus sorgfältig abschließen zu müssen! Auf der Flucht waren die Schneemassen oft so hoch, dass der kleine Junge darin bis über den Kopf versank. Oft fuhren die Reichsbahnzüge, unter denen man hindurchkriechen musste, wenn man nur einen Augenblick zögerte, gerade in diesem Moment ohne Vorwarnung an. Einmal weigerte sich der kleine Junge, einen Zug zu besteigen. Wenige Minuten später wurden die meisten Waggons zerbombt. Ein riesiges Schiff, das Mutter und Kind nach Dänemark transportieren sollte und auf dem man keine Aufnahme mehr fand, weil es total überfüllt war, versank im eisigen Wasser.

Doch während dieser schrecklichen Erlebnisse hatte der kleine Junge immer etwas Tröstendes bei sich, das ihm Wärme und einen Abglanz der verlorenen Geborgenheit, des zerstörten und nie wieder zu erlangenden Kindheitsparadieses gab: Kurz vor der Flucht hatte seine Mutter noch ein großes Blech mit Rahmbonbons hergestellt, herrlich süße, fette ostpreußische Rahmbonbons. Sie erinnerten den kleinen Jungen in all der Kälte und Nässe, in all den unwirtlichen Unterkünften, in den ruckelnden Viehwagen und den überfüllten Bunkern auf der wochenlangen Flucht an die große, warme, gemütliche Küche im Elternhaus mit dem mächtigen blitzenden Kohlenherd, auf dem die Mutter so wunderbare Dinge zubereitete, an das liebevoll eingerichtete Kinderzimmer mit den vielen Spielsachen und dem weiß lackierten Gitterbettchen, an die Sommertage in Crantz an der Ostsee und die Ferien bei der Großmutter in Preußisch-Holland. Rahmbonbons als Seelentrost – wie gut taten sie ihm und wie halfen sie über vieles hinweg!

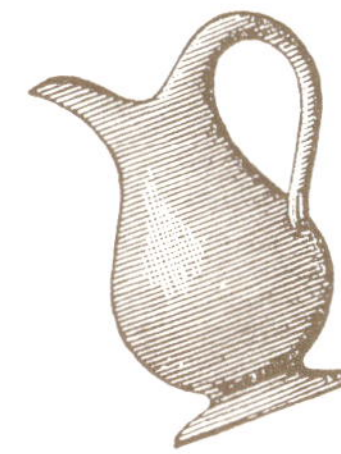

Rahmkaramellen von 1925

1/2 Pfund Zucker, 1/2 l dicken Rahm, wenig Vanille, zum Bestreichen Öl

Zucker, Rahm und Vanille werden in einer Messingpfanne so lange unter Rühren gekocht, bis der Rahm sich bräunt und dick wird. Eine Küchenmarmorplatte, ein Wellbrett oder Blech wird mit feinem Öl bestrichen, der gebräunte Rahm rasch darauf gegossen und verteilt. Die Schicht soll 1/2 Zentimeter dick sein. Mit einem in Öl getauchten Messer teilt man die Masse in 1 1/2 Zentimeter große Würfel, welche man nach dem Erkalten brechen kann.

Ostpreußische Rahmbonbons

2 EL Butter, 50 g Zucker, 1/4 l Milch oder Sahne
Außerdem: Pergamentpapier, etwas geschmacksneutrales Öl

Butter in einer Pfanne schmelzen lassen, den Zucker unter Rühren und sanftem Erhitzen darin auflösen. Mit Milch oder Sahne ablöschen und aufkochen lassen. Ein Kuchenblech mit Pergamentpapier belegen und dünn einölen. Die entstandene zähe Karamellmasse auf das Pergamentpapier gießen und abkühlen lassen. Bevor die Masse ganz fest ist, mit einem kräftigen Messer in Würfel schneiden.

Tipp

Diese Karamellbonbons halten sich unbegrenzt, sind aber nichts für Zahnprothesenträger!

Omas Butterbonbons

(kleine Portion zum sofortigen Verzehr)

Für uns Kinder gab es Anfang der fünfziger Jahre in Schleswig-Holstein nichts Schöneres, als heimlich schlichte Butterbonbons herzustellen, ohne Sahne, Vanille, Honig oder Schokolade. Es stank hinterher immer ganz furchtbar nach verbranntem Zucker in der Küche! Außerdem war die Pfanne, nebst Kochlöffel und Messer, dann so verklebt, dass man uns die Herstellung verbot. So suchten wir uns eine Spielkameradin, bei der die Eltern außer Haus waren und deren Tochter sie noch nicht mit diesen Kochgelüsten und Küchendüften heimgesucht hatte, um dort unserem Hang nach Süßem zu frönen. Margarine und Zucker fanden sich glücklicherweise in jedem Haushalt. Ich kann mich noch zu gut an diese einfachen Bonbons erinnern: der leicht brandige Geschmack, die erstarrte, bräunliche Margarine, die am Pergamentpapier klebte und die vergebliche Mühsal, die Küche hinterher in einen untadeligen Zustand zurückzuversetzen. Aber sie schmeckten einfach herrlich, die guten, alten Butterbonbons, an die allerdings alles andere als „gute" Butter kam!

50 g Butter, 100 g Zucker
Außerdem: Pergamentpapier, Butter zum Einfetten

Butter in der Pfanne erhitzen, Zucker darin bräunen. Beim Abkühlen wird die Masse hart. Halbfest werden lassen und nicht zu dick auf eingefettetes Pergamentpapier streichen. Nach dem völligen Erkalten in beliebige Stücke brechen.

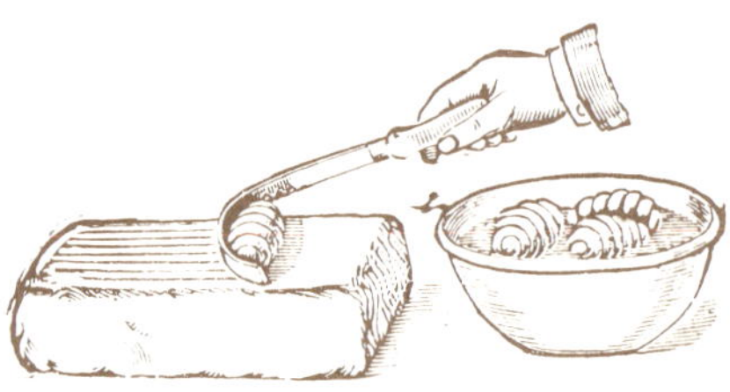

Buttermilch- oder Sahnebonbons

500 g Zucker, 1 Päckchen Vanillezucker, 3/4 l Buttermilch oder 1/4 l Sahne
Außerdem: geschmacksneutrales Öl zum Einfetten

1/8 Liter Wasser erhitzen, Zucker und Vanillezucker darin unter Rühren auflösen. Die Buttermilch oder die Sahne dazugeben und so lange unter ständigem Rühren kochen, bis die Masse hellbraun und dick ist. Dann ca. 1 Zentimeter dick auf eine geölte Platte gießen und glatt verstreichen. Nun alles mit einem kräftigen Messer sofort in mundgerechte Quadrate schneiden. Die Bonbons halten sich bei kühler Lagerung lange.

Sahnebonbons anders

1 EL Butter, 300 g Zucker, 80 ml Sahne

Butter und Zucker in einer Pfanne unter ständigem Rühren bräunen, Sahne einrühren und die Masse auf flache Teller gießen. Sofort mit einem scharfen Messer in Würfel schneiden und abkühlen lassen.

Variante

1 Teelöffel Kakaopulver oder 1 Esslöffel blütenzarte Haferflocken mit einrühren.

Vanillekaramellen

60 g Butter, 100 ml Milch, 275 g Zucker, 1 TL Vanillezucker
Außerdem: Butter zum Einfetten

Die Butter in einer Pfanne schmelzen lassen, Milch und Zucker hinzufügen. Aufkochen lassen und so lange kochen, bis bei der Probe ein Tropfen von der Masse in kaltem Wasser eine Kugel bildet. Vom Herd nehmen, den Vanillezucker zugeben und alles schaumig schlagen.

Die Masse auf ein mit Butter eingefettetes Backblech gießen. Sobald sie fest wird, mit einem großen Messer in mundgerechte Quadrate schneiden. Wenn die Karamellen ganz abgekühlt sind, in Blechdosen zwischen Pergamentpapier trocken aufbewahren.

Honigkaramellen

60 g Honig, 250 g Zucker, 1/4 l Sahne,
das Mark von 1 Vanilleschote, 30 g Butter
Außerdem: Alufolie, flüssige Butter

Honig und Zucker mit 3 Esslöffeln Wasser aufkochen, bis sich beides aufgelöst hat, vom Herd nehmen und beiseite stellen. In einem größeren Topf die Sahne aufkochen, das Vanillemark und die Zucker-Honig-Masse zufügen. Alles unter ständigem Rühren kochen, bis die Masse hellbraun ist, dann die Butter unterrühren. Tellerprobe: Etwas von der Masse auf einen kalten Teller tropfen und feststellen, ob sie fest wird. Sonst noch etwas kochen lassen. Eine 20 x 20 Zentimeter große Form mit Alufolie auskleiden und mit flüssiger Butter bepinseln. Die Karamellmasse darauf gießen. Handwarm abkühlen lassen, auf ein Brett stürzen und die Folie abziehen. Ein schweres Messer mit flüssiger Butter bepinseln und die Karamellplatte in Würfel von 2 1/2 Zentimeter Größe schneiden. Um das Aneinanderkleben zu verhindern, einzeln in Zellophanpapier wickeln, kühl stellen.

Kokosnussbonbons

2 TL Butter, 225 g Zucker, 75 ml Milch, 1/2 TL Vanillezucker, 40 g Kokosflocken
Außerdem: Butter zum Einfetten

Die Butter bei sanfter Hitze in einem Topf schmelzen lassen. Zucker und Milch hinzufügen und unter Rühren leise weiterkochen, bis sich der Zucker aufgelöst hat. 12 Minuten weiterkochen lassen, vom Herd nehmen. Den Vanillezucker und die Kokosflocken hinzufügen. Die Bonbonmasse schaumig schlagen, bis sie beginnt, am Rand fest zu werden. Auf ein mit Butter bestrichenes Backblech gießen. Nach dem Abkühlen in mundgerechte Quadrate schneiden. In Blechdosen trocken lagern.

Schokoladenbonbons

125 g geriebene Schokolade, 200 g Zucker, 20 g Butter, 1/8 l Milch, 2 EL Honig
Außerdem: etwas Öl zum Einfetten

Die Schokolade mit Zucker, Butter, Milch und Honig in einen Topf geben und kochen lassen, bis eine dicke Masse entsteht. Diese auf ein eingeöltes Backblech streichen. Sobald die Bonbonmasse etwas ausgekühlt ist, aber noch verläuft, in kleine, viereckige Bonbons schneiden. Vollständig abkühlen lassen und in gut verschließbaren Dosen an einem kühlen Ort aufbewahren.

Glasbonbons nach Großmutterart

4 EL Zucker, 1–1 1/2 EL heller Essig (keine Essenz!)
Außerdem: reichlich Zucker zum Formen der Bonbons

Zucker und Essig mit 1/2 Esslöffel Wasser schnell aufkochen. Hierbei wenig rühren. Die Masse muss hellgelb werden. Probe: Einen Tropfen in eine Tasse mit kaltem Wasser fallen lassen. Er muss mit leise knisterndem Geräusch erstarren und darf beim Daraufbeißen nicht mehr an den Zähnen kleben. Eine Platte oder ein Backblech fingerdick mit Zucker bestreuen. (Dieser kann später noch zum Kochen verwendet werden.) Mit dem Löffelstiel Vertiefungen hineindrücken. Von der kochenden Masse nun jeweils 1 Teelöffel in die Vertiefungen geben. Sind die Bonbons hart, aus dem Zucker nehmen und luftdicht in Blechdosen verschließen.

Honigbonbons

Diese Bonbons sind besonders lecker und so schön altmodisch! Sie sollten sie auf keinen Fall zerbeißen, sondern langsam lutschen.

200 g Zucker, 1/2 EL Essig (keine Essenz!), 2 EL Honig
Außerdem: reichlich Zucker zum Formen der Bonbons

Zucker, Essig und Honig mit 3 Esslöffeln Wasser zum Kochen bringen und daraus, wie bei den Glasbonbons (Rezept S. 109) beschrieben, Bonbons herstellen.

Tipp

Honigbonbons tun gut bei Erkältungen. Man kann auch noch einige wenige (!) Fenchelsamen hinzugeben.

Im tiefsten Allgäu konnte ich vor zwanzig Jahren bei unserer Pensionswirtin ein klösterliches Kochbuch einsehen. Es war das – leider heute vergriffene – im Selbstverlag hergestellte Kochbuch der Franziskanerinnen des Klosters Sießen im Kreis Saalgau (Württemberg). Darin finden sich u.a. herrlich antiquierte Rezepte für Brust-, Kräuter- und andere „Gesundheits-Bonbons". Allein sie zu lesen ist bereits ein „himmlisches Vergnügen"! Für die Gestattung ihrer Wiedergabe danke ich der Frau Oberin sehr herzlich.

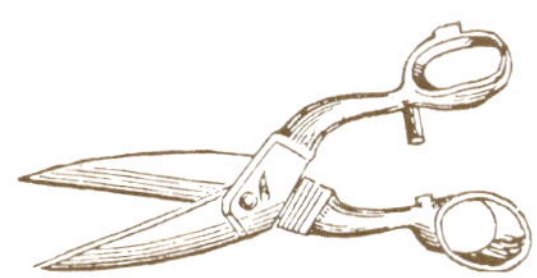

Spitzwegerichbonbons

25 g getrocknete Spitzwegerichblätter, 500 g Zucker,
25 g Traubenzucker oder 1 EL Apfelgelee, 20 g Butter, 1 TL Apfelessig,
Außerdem: etwas Olivenöl zum Ausfetten des Bleches

Den Spitzwegerich mit 1 Liter Wasser in der Pfanne so lange kochen, bis ein Sud von 1/4 Liter verbleibt. Diesen durch ein feines Sieb passieren. Zucker, Traubenzucker oder Apfelgelee und Butter hinzugeben und rühren, bis der Zucker sich aufgelöst hat. Nun die Masse so lange kochen lassen, bis sie bei der Probe wie Glas zerbricht. Dafür eine Stricknadel erst in die kochende Masse und danach rasch in kaltes Wasser tauchen. Zeigt sich die Masse beim Durchbrechen noch zäh und klebrig, ist sie noch nicht fertig. Zum Schluss den Essig gut unterrühren. Die Bonbonmasse auf ein geöltes Backblech geben, kurz auskühlen lassen, mit der Schere in kleine Stücke schneiden, diese mit dem Nudelholz rasch zu länglichen, nicht zu dicken Stangen ausrollen, die man dann in beliebige Form schneidet. Völlig erkaltet lassen sich die Spitzwegerichbonbons in gut schließenden Blechdosen aufbewahren.

Pfefferminzbonbons

500 g Zucker, 30 g Traubenzucker oder 2 EL Apfelgelee, 20 g Butter, 20 Tropfen Pfefferminzöl (Apotheke), 50 g Hoffmannstropfen (Apotheke), grüne Lebensmittelfarbe (Drogerie)
Außerdem: Olivenöl zum Einfetten

Zucker, Traubenzucker oder Apfelgelee und Butter mit 1/2 Liter Wasser so lange rühren, bis der Zucker sich aufgelöst hat. Nun die Masse so lange kochen lassen, bis sie bei der Probe wie Glas zerbricht (s. Rezept Spitzwegerichbonbons S. 111). Zum Schluss Pfefferminzöl, Hoffmannstropfen und Lebensmittelfarbe gut unterrühren. Die Bonbonmasse auf ein geöltes Backblech geben, kurz abkühlen lassen, mit der Schere in kleine Stücke schneiden, diese mit dem Nudelholz rasch zu länglichen, nicht zu dicken Stangen ausrollen, die man dann in beliebige Form schneidet. Völlig erkaltet lassen sich die Pfefferminzbonbons in gut schließenden Blechdosen aufbewahren.

Kräuterbonbons

15 g gemischter Kräutertee (oder nur Lindenblütentee),
500 g Zucker, 20 g Traubenzucker oder 1 EL Apfelgelee oder 2 EL Honig,
20 g Butter, 1 TL Apfelessig
Außerdem: Zucker zum Bestreuen des Backbleches

Den Kräutertee mit 1 Liter Wasser in der Pfanne so lange kochen, bis ein Sud von 1/4 Liter verbleibt. Diesen durch ein feines Sieb passieren. Zucker, Traubenzucker oder Apfelgelee oder Honig und Butter hinzugeben und rühren, bis der sich Zucker aufgelöst hat. Nun die Masse so lange kochen lassen, bis sie bei der Probe wie Glas zerbricht (s. Rezept Spitzwegerichbonbons S. 111). Zucker 1 1/2 Zentimeter dick auf das Backblech geben, Vertiefungen hineindrücken und die Masse portionsweise hineingießen. Nach dem Erstarren den Zucker zu weiterer Verwendung abschütten. Wie die übrigen Bonbons, nach Sorten getrennt, in Blechdosen trocken aufbewahren.

Damit schließe ich diese Sammlung von „süßen Verführern“, die Ihnen, lieber Leser und liebe Leserin, ein hoffentlich gern zur Hand genommener Begleiter werde, der Ihnen unser irdisches Tal mit einem winzigen Hauch des Paradieses versüßen möge!

Verzeichnis der Rezepte

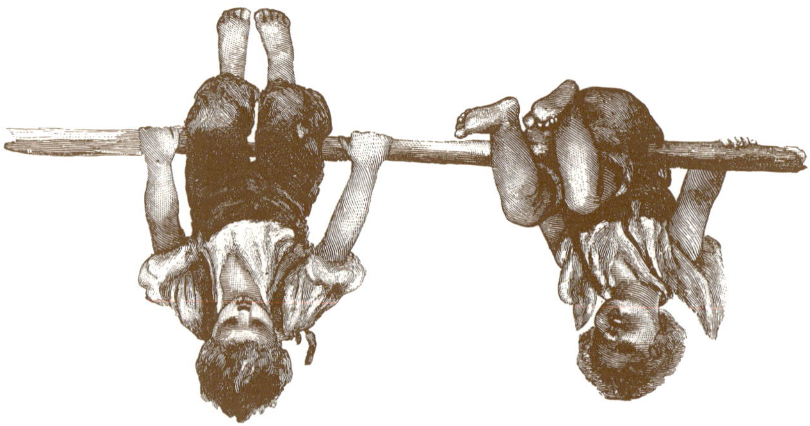

Die Praline – ein Kind des 19. Jahrhunderts

Rumkugeln und Haferflockenkonfekt – Erinnerungen an die Kindheit

Schokopralinen – ein Zaubermittel

Marzipankonfekt – die süße Mandelspeise

Sahnige Trüffel – Verführung für einen Geliebten

Nuss- und Mandelkonfekt – kernig-süß für Groß und Klein

Fruchtkonfekt – gesund und lecker verwöhnen

Rahmbonbons – ein Kuchenblech voller Seelentröster

Wo gibt es was?

Pralinenkapseln aus Papier (26 Millimeter), runde Oblaten (50 Millimeter), Back- und Pergamentpapier, Alufolie sowie alle Backzutaten: in allen Lebensmittelmärkten und anderen Supermärkten.
Goldene Tütchen aus Stanniol oder Papier, Pralinenhülsen aus Stanniol und Pralinengabeln (auch Tauch- oder Tunkgabeln): in größeren Haushaltswarengeschäften.
Tauchspirale für Trüffel: auf unserem Buch.
Kandierte Veilchen: in Feinkostläden und Konditoreien.